A FORMAÇÃO
da identidade cristã

Coleção Fonte Viva

Bíblia e liturgia: a teologia bíblica dos sacramentos e das festas nos padres da Igreja
Jean Danielou

Eucaristia: teologia e celebração. Documentos pontifícios, ecumênicos e da CNBB 1963-2004
Antonio Francisco Lelo (org.)

Patrística pré-micena
Geraldo Lopes

Vocabulário básico de Liturgia
José Aldazábal

Guido Innocenzo Gargano

A FORMAÇÃO
da identidade cristã

Exegese bíblica dos primeiros Padres da Igreja

Dados Internacionais de Catalogação na Publicação (CIP)
(Câmara Brasileira do Livro, SP, Brasil)

Gargano, Guido Innocenzo
  A formação da identidade cristã : exegese bíblica dos primeiros padres da Igreja / Guido Innocenzo Gargano ; [tradução Geraldo Lopes]. – São Paulo : Paulinas, 2019.

  Título original: Il formarsi dell'identità cristiana
  ISBN 978-85-356-4488-3

  1. Bíblia - Crítica e interpretação 2. Espiritualidade - Cristianismo - História - Igreja primitiva, ca. 30-600 3. Igreja - História - Igreja primitiva ca. 30-600 4. Literatura cristã primitiva - História e crítica I. Título.

19-26419   CDD-270

Índice para catálogo sistemático:
  1. Literatura cristã primitiva : História e crítica   270
  Cibele Maria Dias - Bibliotecária - CRB-8/9427

Título original da obra: Il formarsi dell'identità cristiana. L'esegesi biblica dei primi Padri della Chiesa
© Edizione San Paolo s.r.l. – Cinisello Balsamo (MI), 2010.

1ª edição – 2019

Direção-geral:	Flávia Reginatto
Conselho editorial:	Dr. Antonio Francisco Lelo
	Dr. João Décio Passos
	Ma. Maria Goretti de Oliveira
	Dr. Matthias Grenzer
	Dra. Vera Ivanise Bombonatto
Editores responsáveis:	Vera Ivanise Bombonatto
	e Antonio Francisco Lelo
Tradução:	Geraldo Lopes
Copidesque:	Mônica Elaine G. S. da Costa
Coordenação de revisão:	Marina Mendonça
Revisão:	Sandra Sinzato
Gerente de produção:	Felício Calegaro Neto
Diagramação:	Jéssica Diniz Souza

Nenhuma parte desta obra poderá ser reproduzida ou transmitida por qualquer forma e/ou quaisquer meios (eletrônico ou mecânico, incluindo fotocópia e gravação) ou arquivada em qualquer sistema ou banco de dados sem permissão escrita da Editora. Direitos reservados.

Paulinas
Rua Dona Inácia Uchoa, 62
04110-020 – São Paulo – SP (Brasil)
Tel.: (11) 2125-3500
http://www.paulinas.com.br – editora@paulinas.com.br
Telemarketing e SAC: 0800-7010081
© Pia Sociedade Filhas de São Paulo – São Paulo, 2019

Sumário

Siglas 9

Introdução 11

I. Exegese bíblica dos primeiros Padres 15
   Os Testemunhos 15
   As objeções gnósticas 18
   Acenos de resposta nos escritos do Novo Testamento 21
   Inscrições antigas de sabor antignóstico 24

II. Da Didaque à Carta de Barnabé 27
   Didache ton Apostolon 27
   Clemente Romano 28
   Inácio de Antioquia 28
   Policarpo de Esmirna 30
   A carta de Barnabé 31
      Premissa 31
      A prefiguração do bode expiatório 35
      A novilha vermelha 36
      O sinal da circuncisão 38
      Os pressupostos de um método 40
   Considerações conclusivas 41

III. Alguns apologistas cristãos 43
   Justino mártir e a profecia bíblica 43
      As apologias de Justino 44
      A interpretação racional da verificação histórica 47
      O verdadeiro Israel 49
      O Diálogo com Trifão 53
      O serviço próprio do ancião na Igreja 55
      O *manuductio* da Igreja 56
      Observações 60

Melitão de Sardes	61
Uma teologia da substituição?	61
A Homilia sobre a Santa Páscoa	62
Observações	67
Ireneu de Lyon	68
Um teólogo importante	68
A presença das Escrituras nas obras de Ireneu	69
Uma resposta a Marcião e a Simão Mago	75
A Regra da verdade	77
A comunhão com a Igreja	81
Justificações de seu método	82
A importância da utilitas	86
O julgamento do spiritalis homo	88
O hermeneuta é, antes de tudo, spiritalis homo	90
Observações	91
IV. Ensaio sobre o comentário ao Cântico dos Cânticos de Hipólito	**95**
Premissas	95
O Verbo se serve da voz dos Profetas	98
A *Interpretatio*	102
Premissa	102
A prática da exegese de Hipólito	104
1. Ct 1,2a: *Osculetur me osculi oris sui*	105
2. Ct 1,2b: *Quia pulchra sunt ubera tua plus quam vinum*	105
3. Ct 1,2cd: *Et aroma unguenti tui plus quam permixta incensa et sicut aroma unguenti est diffusum nomen tuum*	105
4. Ct 1,9: *Iumento meo in curribus Pharaonis assimilavi te propinquam istam*	106
5. Ct 1,14: *Nardus sicut Cypri sororis filiolus meus in vineam Engaddi*	106
Observações	107
O aprofundamento do texto	108
Premissa	108
Ct 1,2 e o mistério do beijo	110
Desenvolvimento do sentido	111
Ct 1,3 e a inefável economia trinitária	112
Observações	116
Um exemplo de ensinamento que supõe a "substituição"	117
Ct 1,9: *Iumento meo in curribus Pharaonis assimilavi te, propinquam istam*	117

    As pré-compreensões de Hipólito...119
    A unidade dos dois Testamentos 120
    A busca da interpretação apropriada 121
    Cada uma das passagens do procedimento 121
Um exemplo da centralidade do mistério de Cristo
na hermenêutica de Hipólito 123
    Uma breve premissa 123
    Aberturas sobre o mistério de Cristo 124
    O procedimento hermenêutico 125
    O contexto geográfico/natural 126
    O primeiro passo da *Interpretatio* 126
    O segundo passo.. 127
    O terceiro passo 129
    A parte parenética 130
A síntese teológica de Hipólito e a pergunta hermenêutica 133
    A Páscoa de Cristo e a nova *gratia dispositionis*..................................... 133
    O texto bíblico é sempre um esboço (*typus*) 134
    A história como instrumento decisivo da interpretação 135
    Tudo começa com o sentido literal 136
    Da visão de conjunto, o espaço para a parênese 137
    A Escritura permanece profecia... 138
    Observações 139

Conclusão 141
    Justino mártir... 144

    Melitão de Sardes 146

    Ireneu de Lyon... 146

    A interpretatio de Hipólito 148

Bibliografia 151

Apêndice bibliográfico 153

Índice de textos bíblicos 155

Índice de textos dos Padres 157

Índice de nomes.. 160

Siglas

CSCO   *Corpus Scriptorum Christianorum Orientalium*
SEPAC Institutum Patristicum Augustinianum, *Nuovo Dizionario Patristico di Antichità Cristiana*, dirigido por A. di Berardino, 3 vol., Marietti 1820, Genova 2006-2008
PG   J. P. Migne, *Patrologia greca*
SC   *Sources Chrétiennes*, du Cerf, Paris 1941ss (disponível em: http//www.sourceschretiennes.mcm.fr)

Introdução

Este volume quer introduzir os leitores na percepção da problemática presente nos Padres cristãos imediatamente sucessivos aos apóstolos e aos autores do Novo Testamento.

Quero precisar logo de início que, com este volume, não se pretende oferecer uma simples antologia de textos patrísticos, mas sim um auxílio para compreendê-los, com a intenção de descobrir não somente o método mas também o que insisto em chamar *mens*, isto é, a atitude interior, a atenção às razões da mente e do coração.

Dos Padres antigos não nos interessa tanto aquilo que puderam oferecer sobre a exegese propriamente dita de um texto, mas principalmente a forma como realizaram e viveram aquela exegese. Firmaremos certamente nossa intenção na compreensão que tiveram do texto, mas estaremos mais interessados em entender a situação existencial, histórica e pessoal, e sobretudo de fé, de determinado texto bíblico assim como foi compreendido e estudado por eles.

Devemos recordar a todos, estudantes e leitores de diversos títulos, mesmo acadêmicos, da literatura cristã antiga, que a finalidade da coleção na qual se insere este ensaio não é nem de academia propriamente dita nem de divulgação, mas sim a de incitar, da melhor forma possível, o gosto pela exegese bíblico-cristã antiga a partir de uma explanação cientificamente fundada e contextualizada nos textos lidos, em uma perspectiva que permita definir como "teologia espiritual".

Na realidade as primeiras gerações cristãs foram colocadas muito cedo diante de problemas de não fácil solução por causa da sua aceitação à fé apostólica. Ao ler o Novo Testamento percebe-se o choque fortíssimo que receberam os primeiros discípulos de Jesus diante da recusa a ele e a sua mensagem por parte das autoridades legítimas de Israel, quer religiosas, quer políticas e culturais, e sobretudo diante do seu fim humilhante de crucifixão. A ressurreição de Jesus dos mortos não foi fácil de ser aceita, nem mesmo por seus discípulos mais próximos, e disto o Novo Testamento dá testemunho eloquente.

Não somente a dificuldade das relações com as autoridades constituídas, mas também a de continuar a ser fiel a certas prescrições legais, exegéticas e disciplinares da tradição judaica, começaram a suscitar problemas assaz difíceis de serem superados nos primeiros séculos (ao menos uns trinta) depois da paixão de Jesus e de sua ressurreição. A enorme impressão causada pela queda de Jerusalém, bem como o incêndio irremediável do seu templo por parte dos romanos em 120 d.C., fez com que todos refletissem profundamente.

Nada mais podia permanecer como antes, nem entre os judeus nem entre os discípulos de Jesus. Nenhum crente foi dispensado de se interrogar que mensagem o Deus de Israel queria enviar aos seus escolhidos. Para os judeus foi o momento de repensar a fundo o conjunto das suas tradições, centradas até aquele momento no templo, enquanto para os crentes em Cristo era a prova evidente de que Deus havia dado um sinal inequívoco da autenticidade messiânica de Jesus de Nazaré.

Colocadas estas premissas, a problemática entre as duas interpretações da Escritura era clara. E justamente disto se tratou. Os primeiros Padres cristãos, bem como os Padres da *Mishna*, não podiam deixar de se envolver nessa polêmica, pois partiam de pressupostos absolutamente contrários. Os crentes se confrontavam na convicção de que a estrada percorrida parcialmente pelos fariseus na interpretação da tradição hebraica era a justa, e os cristãos pensaram o mesmo, confirmados na convicção de que Jesus seria o Messias esperado pelos profetas, o Filho do Homem predito pelo profeta Daniel, e, como comprovado por sua ressurreição dentre os mortos, o Filho de Deus.

Os textos patrísticos da primeira geração pressupõem um contexto semelhante, com todo o valor de confirmação absolutamente comprovador que podia ter, aos seus olhos, o fato histórico da tomada de Jerusalém com o incêndio do seu templo.

Nesse ínterim, apareceram no horizonte outros problemas, ligados também aos mesmos acontecimentos históricos da paixão, crucificação e morte de Jesus de Nazaré, e em parte também à destruição do templo, vistos sob perspectivas diversas. Tratava-se de problemas suscitados pelo chamado movimento gnóstico. O pressuposto fundamental deste movimento era a convicção indiscutível de que Deus é espírito e que, portanto, acrescentar qualquer outro elemento ao seu ser puramente espiritual seria considerado blasfemo e indigno de Deus. Consequentemente deviam ser vistas como indignas de Deus tanto as pretensões judaicas ligadas à criação do mundo material quanto as pretensões cristãs de que o Filho de Deus teria se tornado humano (ou melhor, carne) em Jesus, Filho de Maria.

Tanto os judeus quanto os cristãos estavam, destarte, respondendo, dentro da própria perspectiva, as objeções gnósticas. Parece que certas respostas à gnose já estão presentes nos textos mais tardios do Novo Testamento. Neste volume não faremos outra coisa senão descrever algumas delas, sem acrescentar nenhum comentário. Faremos a mesma coisa para algumas inscrições cristãs antigas encontradas também nas objeções gnósticas.

Uma ulterior fonte de discussão à qual deveriam responder então os Padres judeus e os Padres cristãos foi a ocasionada pela filosofia grega. Como propor uma interpretação dos textos bíblicos que levasse em consideração também as objeções da filosofia? Neste caso, como nos outros, cada um respondeu dentro da própria perspectiva. A nós interessa, obviamente, a perspectiva cristã, e por isso escolhemos propor em modo absolutamente sintético à resposta do mártir Justino. Levamos em consideração que este filósofo convertido ao cristianismo, originário da Samaria e descendente de um legionário romano que tinha combatido durante a primeira guerra judaica, escrevia imediatamente após a terrível derrota que os judeus sofreram do imperador romano Adriano, na segunda guerra judaica (terminada em 135), com a destruição total de Jerusalém e a dispersão no mundo dos habitantes judeus.

A seleção que fizemos convenceu-nos de que fosse importante privilegiar também um texto declarado no interior de um contexto festivo litúrgico do mesmo período. Trata-se de *Sobre a Santa Páscoa*, de Melitão de Sardes. As homilias, com efeito, faziam parte essencial não somente da celebração em si, mas também das convicções que se queriam instilar nos ouvintes, a fim de que a sua fé cristã se fortalecesse e eles estivessem em condições de responder da forma mais adequada possível aos judeus, pagãos e gnósticos, dando razões da própria fé.

Mais desafiantes, sob o ponto de vista propriamente teológico, são a figura e a obra de Ireneu de Lyon. Deste excepcional bispo e teólogo selecionamos somente os pressupostos por ele estabelecidos como regra de fé aos quais se ater para verificar se a interpretação da Bíblia, dada pelos hereges, era digna de fé ou não.

Em Ireneu podemos observar a formação de uma convicção que, em seguida, será desenvolvida por outros Padres e que chegará até à Idade Média ocidental. Trata-se da intuição paulina segundo a qual "o espiritual examina todas as coisas, porém ele não é examinado por ninguém" (1Cor 2,15); isso permite que o ponto de referência substancial para uma correta interpretação da Bíblia seja um intérprete que possa ser reconhecido como "espiritual" e, justamente enquanto tal, aja em nome do Espírito Santo, julgando todas as coisas e não sendo julgado por ninguém.

Hipólito recebeu uma atenção maior em nossa escolha, pois parece ter sido o primeiro a propor uma interpretação do texto bíblico atenta ao dado teológico propriamente dito, seja ao dado místico, seja ao espiritual. Procuramos compreender o seu método, mas sobretudo o propusemos de tal forma que pudesse convidar cada um dos nossos atentos leitores na contemplação do mistério do Deus trinitário, que revela sua *economia ad intra* pela encantadora *economia ad extra*.

Ler autores como Justino mártir, Melitão de Sardes, Ireneu e Hipólito, procurando compreender deles a intuição originária, a problemática histórica, existencial e, naturalmente, de fé, comporta um conhecimento muito grande do seu contexto humano, aqui apresentado em pequenos tópicos. Desejo que os leitores cheguem ao final do livro com algum enriquecimento ulterior na sua visão de fé na Sagrada Escritura e também com um pouco mais de simpatia e estima para com estes nossos Padres latinos.[1]

---

[1] Dada a complexidade do volume, escolheu-se um sistema para tornar mais fácil a ação dos leitores, na medida do possível. Cada informação é dada uma só vez. Na bibliografia final busca-se colocar todas as informações existentes. A expressão *o.c./etc.* significa que a contribuição foi interrompida, mas continua em apêndice juntamente com as indicações das obras dos Padres aos quais se fez referência para a edição em língua italiana.

I. Exegese bíblica dos primeiros Padres[1]

OS TESTEMUNHOS

A primeira fase da exegese cristã, sucessiva aos tempos do Novo Testamento, mas em parte também contemporânea aos textos, é indicada, em parte, como *Testimonia*.[2] Este termo indica um método já presente em algumas páginas do Novo Testamento, nas quais está exemplificada uma convicção determinante para a identidade da fé cristã presente em todos os livros do Novo Testamento, mas transmitida também na tradição da Igreja: a de que os acontecimentos relativos ao mistério de Jesus de Nazaré foram já prefigurados na Lei e nos Profetas.

A justificação do método pode ter-se originado também no capítulo 24 de Evangelho de Lucas, no qual Jesus Cristo ressuscitado é proposto como mestre de exegese cristã em duas intervenções fundamentais. A primeira, quando, na tarde do primeiro dia de Páscoa, declara aos discípulos a caminho de Emaús: "'Ó tardos e frios de coração para acreditar o que tinha sido predito pelos profetas. Não será que o Cristo devia sofrer tudo aquilo para entrar na sua glória?' E começando por Moisés e todos os profetas explicou-lhes o que lhe dizia respeito em todas as Escrituras" (Lc 24,25-27). Em segundo lugar, após ter partilhado a ceia com os seus discípulos, repetiu: "Era justamente isto que

---

[1] Permito-me indicar como ponto de referência deste volume a obra de Simonetti, que já se tornou clássica: *Lettera*. Considero a leitura desta obra preliminar a qualquer aproximação que se queira fazer da Patrística. Pelos argumentos que afirmamos neste volume sobre a exegese cristã do período pós-apostólico e apologético, deve-se levar em consideração sobretudo as pp. 19-40.

[2] Trata-se de um termo criado por J. R. Harris nos primeiros decênios do século XX para indicar as coleções sistemáticas de citações do Antigo Testamento presentes na literatura cristã antiga (cf. Gribomont, "Testimonia", in NDPAC 5331).

eu vos dizia enquanto ainda estava convosco. Era preciso que se cumprisse o que estava escrito na Lei de Moisés, nos Profetas e nos Salmos" (Lc 24,44).

O que em Lc 24 é afirmado de forma absolutamente genérica, foi posteriormente especificado em outras passagens do Novo Testamento. Assim, por exemplo, o que o mesmo Lucas colocou nos lábios de Pedro nos começos da Igreja de At 1,16.20: "Irmãos, convinha que se cumprisse a escritura que o Espírito Santo predisse pela boca de Davi, acerca de Judas [...]. Porquanto no livro dos Salmos está escrito: 'Fique deserta a sua habitação, e não haja quem nela habite. Que outro ocupe o seu ministério'". Ou mesmo na explicação que o mesmo Pedro dá aos habitantes de Jerusalém sobre o evento ocorrido no dia de Pentecostes: "Está se verificando o que foi dito por meio do profeta Joel" (At 2,16). E o que o apóstolo acrescenta no seu primeiro discurso: "Davi, que era profeta e sabia que o Senhor lhe havia prometido solenemente que haveria de fazer sentar no trono da sua descendência, prevendo o futuro, falou da ressurreição de Cristo, quando afirmou que não seria abandonado nos séculos e não haveria de ver a corrupção. E Davi, com efeito, não subiu ao céu, mas afirmou: 'Disse o Senhor ao meu Senhor, senta-te à minha direita, até que eu coloque os teus inimigos como escabelo dos teus pés'" (At 2,29-31.34-35).

Na literatura cristã antiga podem-se encontrar, aqui e ali, listas mais ou menos amplas de *Testimonia* análogas aos de Lucas nos Atos dos Apóstolos. Muito indicativo a este respeito são os textos recolhidos pelos *Atos de Barnabé* (Pseudo) e os que estão presentes nas obras de Justino mártir, aos quais retornaremos, em breve. Conhecemos, todavia, uma página atribuída a Melitão de Sardes por Eusébio de Cesareia. Conforme Raniero Cantalamessa, constitui a primeira prova de extratos do Novo Testamento, utilizados agora nos primeiros tempos da pregação cristã como profecias de Cristo (as *Testimonia*).[3]

Documenta Eusebio:

> Nas *Eclogae* por ele escritas, Melitão, no início do proêmio, traça o catálogo dos livros do Antigo Testamento que são reconhecidos por todos e que é necessário reproduzir aqui.

---

[3] Cantalamessa, *I piú antichi testi pasquali* 138.

Escreveu pois: "Melitão ao irmão Onésimo, saúde. Uma vez que estou consciente do teu zelo pela doutrina, tenho repetidamente pedido que te fizessem extratos tanto da Lei como dos Profetas sobre o Salvador, bem como a nossa santa fé, e tendo expressado o desejo de conhecer com exatidão o número e a ordem de sucessão dos antigos livros, pus mãos à obra com diligência, conhecendo bem o teu zelo pela fé e o ardor pelo conhecimento da doutrina. Ainda mais o teu amor para com Deus que te leva a antepor tudo isto a qualquer outro interesse no combate pela salvação eterna.

Tendo me dirigido ao Oriente, no mesmo ponto em que a Escritura foi anunciada e escrita e tendo me informado suficientemente sobre os livros do Antigo Testamento, eu te envio a lista que redigi [...] destes livros, distribuindo-os em seis livros" (*História da Igreja* 4,26,12-14).

A este texto trazido por Eusébio, pode-se acrescentar outro, também ele atribuído a Melitão, que o mesmo Cantalamessa publicou em uma tradução italiana.[4] Trata-se de um personagem que oferece uma espécie de índice de acontecimentos e personagens do Antigo Testamento apresentados aos cristãos como *Testimonia* dos mistérios cristãos. Lê-se, por exemplo, nesse precioso fragmento:

Da Lei e dos Profetas nós encontramos todas aquelas coisas que foram ditas no tempo do Senhor nosso Jesus Cristo para provar à vossa caridade que ele é a inteligência perfeita e o Verbo de Deus gerado antes da estrela da manhã.
Ele é criador (com o Pai); aquele que plasmou o homem; que estava presente em todas as coisas. Patriarca entre os patriarcas, Lei sob a lei, Sumo Sacerdote entre os sacerdotes, Soberano entre os reis. Profeta entre os profetas, Príncipe dos anjos entre os anjos, Verbo pela voz, Espírito no espírito, Rei nos séculos dos séculos. Ele, com efeito, é aquele que foi o barqueiro em Noé, que guiou Abraão, foi a lenha em Isaque, que foi exilado em Jacó, que foi vendido em José, que foi condutor em Moisés, que em Josué estabeleceu a herança, que em Davi e nos profetas predisse a paixão.

---

[4] Cf. ibidem, 145-147; Melitão cita do tratado *Sobre a fé*, publicado no *Florilegium*.

Existe também uma *Clavis Scripturae*, desde o IV século, atribuída sempre a Melitão,[5] que, segundo muitos, poderia ser o assim chamado *Codex Claromontanus*, descoberto em 1863,[6] no qual a lista se prolonga até compreender uma série de temas bíblicos utilizados amplamente no interior de uma aproximação globalmente simbólica da Bíblia.[7]

AS OBJEÇÕES GNÓSTICAS[8]

Justino e Ireneu sustentam, em perfeita continuidade com a comunidade apostólica, que a Igreja cristã se funda sobre convicções que Deus se fez homem, o Homem Jesus de Nazaré, que nasceu de Maria Virgem, padeceu sob Pôncio Pilatos, morreu e foi sepultado, e ressuscitou ao terceiro dia, conforme as Escrituras.

Os gnósticos tentaram, ao contrário, muito depressa, colocar uma dissensão justamente neste princípio fundamental da fé cristã. Para defender sua tese, contrapõem de modo radical o Evangelho ao Antigo Testamento, pretendendo que este último tenha sido escrito sob a inspiração de um deus diverso do Pai revelado por Jesus Cristo no Novo Testamento. Onde, pois, o mesmo Novo Testamento fala de coisas julgadas terrestres, materiais e carnais, é necessário interpretar tudo de modo simbólico e metafórico, porque, em todo caso, como já havia afirmado São Paulo, "a letra mata, enquanto (só) o Espírito dá a vida" (2Cor 3,6).

Os gnósticos pressupõem sua crítica designando os acontecimentos reveladores de Deus com a biografia de Jesus de Nazaré; acentuam coisas mera-

---

[5] Cf. Melitão de Sardes, *Clavis Scripturae*, introduzione e tradizione di Giorgio di Domenico, Libreria Editrice Vaticana, Città del Vaticano 2001.

[6] Cf. ibidem, 10.

[7] Escreve, a propósito, Di Domenico, editor e tradutor italiano da obra de Melitão de Sardes: "Ademais da questão crítica, o interesse desta antiga coleção de fórmulas bíblicas está na intenção que a anima, aquela de oferecer um caminho ao intrincado mundo no qual o homem vive. Os símbolos, como a realidade que representam, não são unívocos. O número Um, diz a *Clavis*, reenvia à unidade do Bem mas também àquela do Mal (cap. 5,1 e 4). Um acúmulo de pedras simboliza a reunião dos fiéis, mas também a reunião dos condenados (cap. 6,1,62-63). O gafanhoto, flagelo enviado por Deus, é também tipo de Cristo (cap. 11,71,73-76). Dizendo isto a *Clavis* nos leva àquilo que é sentido vital do simbolismo bíblico: indicar a possibilidade de uma transformação interior que aproveite, nas contradições e na obscuridade da história, a luz escondida do Reino de Deus" (ibidem, 11).

[8] Para este parágrafo, cf. Simonetti, *Lettera* 24-49, com bibliografia correspondente.

mente exteriores e, por isso, perdem de vista a verdade interior que estes fatos costumam significar.

Os exemplos propostos pelos gnósticos para fundamentar estas suas escusas eram algumas passagens específicas das Escrituras, nas quais Jesus, de modo aberto, corrigia os seus discípulos de interpretar conforme a "letra" aquilo que ele, ao contrário, estava lhes transmitindo somente "simbolicamente".

Tomado sob este ângulo, particularmente o personagem Pedro é considerado o pior homem que viveu ao lado de Jesus, porque, mais do que todos os outros, ele persiste em afirmar unicamente o sentido literal das palavras e dos acontecimentos que diziam respeito a Jesus.

Consequentemente – concluem os gnósticos –, a maior parte dos cristãos, no momento em que se refere a uma semelhante "tradição apostólica", não faz outra coisa senão perpetuar no tempo a atitude "literalista de Pedro" e dos demais discípulos iguais a ele. Impõe-se, no entanto, uma exegese mais refinada. Mas, sobretudo, uma exegese capaz de não se deixar atraiçoar pelas afirmações carnais relativas a Jesus, para lançar-se no vasto campo da interpretação "espiritual".

Alguns destes mestres, pois, não se contentando com a simples interpretação de um texto dado, ousaram atingir a finalidade que desejavam escrevendo esses mesmos "evangelhos", "apocalipses", "tratados", "hinos", "poesias" e "orações", ou outros que transmitem em segredo somente a alguns iniciados, dando origem à florescente literatura de apócrifos do Novo Testamento.[9]

A finalidade desses mestres é idêntica para todos: demonstrar o erro doutrinal no qual incorrem, justamente espalhando a interpretação da Escritura em sentido literal e despertando a consciência dos cristãos e cristãs maduros para a necessidade de uma interpretação simbólica ou espiritual dos textos.

---

[9] *Johannes Quasten* dedica um capítulo inteiro (o terceiro) de seu primeiro volume de Patrologia a esta literatura particular "exegética", intitulando-o emblematicamente: *Início do romance, da história popular e da lenda no cristianismo*. Ele explica, destarte, a definição de "apócrifo" para semelhantes escritos: "Antigamente um livro apócrifo revestia um caráter muito sagrado e misterioso para ser reconhecido por todos. Devia manter escondido (*apócrifos*) do público em particular e ser reservado para os iniciados da seita. Para ter crédito estes escritos circulavam sob o nome de um apóstolo ou de um piedoso discípulo de Jesus. Quando foi reconhecida a falsidade destas atribuições, o termo apócrifo tomou outro sentido e começou a especificar uma contribuição falsa e que devia ser rejeitada" (*Patrologia* 101).

O instrumento mais apropriado ao escopo é o *método alegórico*, já amplamente difundido no Mediterrâneo helenístico e utilizado com aplicações pontuais e coerentes com o Antigo Testamento, já largamente espalhado pelo mestre hebreu-helenista Filão de Alexandria.

Utilizando amplamente este método, os gnósticos leem as Escrituras hebraico-cristãs com base nos livros "inspirados" pela literatura greco-romana, com o acréscimo de uma certeza espiritual que os caracteriza enquanto cristãos, convencidos de que, assim fazendo, obterão o particular conhecimento da verdade que os conduzirá à salvação reservada aos verdadeiramente livres, graças ao dom da revelação "espiritual".[10]

Porém, semelhante conhecimento salvífico não é imediato, nem oferecido simplesmente ao primeiro simples contato com as Escrituras, mas supõe uma iniciação composta de uma série de didascálias ou instruções preliminares. Quem quer que deseje estar em condição de interpretar gnosticamente as Escrituras, deve submeter-se a uma aprendizagem que é ao mesmo tempo "teórica" e "prática" e que pode ser individuada em fórmulas particularíssimas e secretas transmitidas pelo mestre ao discípulo com extremo rigor e proibição absoluta de se revelar a outros.

O erro fundamental dos "eclesiásticos" é, por isso, segundo os gnósticos, sua obstinada permanência no nível intermediário da consciência, que é o da psique; nível que os conduz a ratificar as imagens, já as considerando uma verdade. Os "eclesiásticos", enfim, confundem a imagem com a realidade e, portanto, se colocam fora do conhecimento salvífico cuja mesma imagem devem conduzir, arrastando à perdição os próprios discípulos.

Aqueles que não pertencem de fato (ou não pertencem mais) à categoria dos "psíquicos" porque atingiram a categoria da "gnose" e a possuíram, sabem muito bem, por exemplo, que o Demiurgo, isto é, o Deus criador, é somente uma imagem do Deus invisível e espiritual, origem verdadeira de

---

[10] A bibliografia sobre a exegese própria dos gnósticos, no interior de sua articuladíssima escola, é muito vasta. Assinalamos algumas obras por nós consultadas no volume: *O sabor dos Padres da Igreja*, Paulinas, no prelo. Remetemos a essas obras porque é nelas que pesquisamos o que brevissimamente é aqui afirmado para estabelecer a base necessária das respostas exegéticas que darão os padres ortodoxos da Grande Igreja, seja a propósito do conteúdo, seja com a explícita referência ao método.

todas as coisas. Por isso, embora considerem a sua imagem e as suas leis, não se deixam prender para sempre, mas as colocam em relação com aquilo que verdadeiramente significam, se são interpretadas verdadeiramente em espírito e verdade (Jo 4,24). A mesma atitude os gnósticos demonstram nos confrontos dos acontecimentos e das palavras que dizem respeito a Jesus de Nazaré, que, por isso, interpretam sempre buscando o seu sentido "espiritual".

Do alto da sua mística experiência, testemunha o gnóstico a convicção de que, quando estava ainda preso no nível físico e psíquico da Escritura e da própria identidade humana, era de fato um abandonado por Deus e pela salvação; agora, ao contrário, que superou aquela fase e aprendeu a ler "simbolicamente" as Escrituras, entrou na verdadeira liberdade de um "filho de Deus".

ACENOS DE RESPOSTA NOS ESCRITOS
DO NOVO TESTAMENTO

Já no Novo Testamento se podem ler nas entrelinhas alguns esboços de resposta aos desafios da gnose. Apresentamos apenas alguns exemplos, colocando na íntegra certos textos, sem nenhuma pretensão de que sejam completos, mas com intenção simplesmente antológica.

> O Espírito diz claramente que, nos últimos tempos, alguns renegarão a fé e se apegarão a embusteiros e a doutrinas diabólicas, deixando-se iludir por pessoas falsas e mentirosas, com a consciência marcada por ferro em brasa. Proíbem o matrimônio e o uso de certos alimentos que, no entanto, foram criados por Deus para serem tomados com ação de graças pelos fiéis e por aqueles que chegaram ao conhecimento da verdade. Pois toda criatura de Deus é boa, e não se deve rejeitar coisa alguma que se usa com ação de graças. Com efeito, essas coisas são santificadas pela Palavra de Deus e pela oração (1Tm 4,1-5).
>
> Se alguém transmite uma doutrina diferente e não se atém às palavras salutares de nosso Senhor Jesus Cristo e ao ensino segundo a piedade, é um orgulhoso, um ignorante, alguém doentiamente preocupado com questões fúteis e contendas de palavras. Daí se originam invejas, ultrajes, suspeitas malévolas, discussões sem fim entre pessoas de mente corrompida, que estão privadas da verdade e consideram a piedade como uma fonte de lucro. [...] Ó Timóteo, guarda o que te foi confiado, evita os discursos fúteis e ímpios, bem como as objeções de uma falsa ciência. Foi

por terem abraçado essa falsa ciência que alguns se desviaram da fé. A graça esteja convosco! (1Tm 6,3-5.20-21).

Escrevo-te estas coisas, embora esperando ir ver-te em breve, para que, no caso de eu tardar, saibas como se deve proceder na casa de Deus, a qual é a Igreja do Deus vivo, coluna e esteio da verdade. E, sem dúvida alguma, grande é o mistério da piedade: Aquele que se manifestou em carne, foi justificado em espírito, visto pelos anjos, pregado entre os gentios, crido no mundo, e recebido acima na glória" (1Tm 3,14-16).

Tudo é puro para os que são puros, mas para os corrompidos e incrédulos nada é puro; antes tanto a sua mente como a sua consciência estão contaminadas. Afirmam que conhecem a Deus, mas pelas suas obras o negam, sendo abomináveis, e desobedientes, e réprobos para toda boa obra (Tt 1,15-16).

Porque a graça de Deus se manifestou, trazendo salvação a todos os homens, ensinando-nos, para que, renunciando à impiedade e às paixões mundanas, vivamos no presente mundo sóbria, e justa, e piamente, aguardando a bem-aventurada esperança e o aparecimento da glória do nosso grande Deus e Salvador Cristo Jesus, que se deu a si mesmo por nós para nos remir de toda a iniquidade, e purificar para si um povo todo seu, zeloso de boas obras (Tt 2,11-14).

Sabe, porém, isto, que nos últimos dias sobrevirão tempos penosos; pois as pessoas serão amantes de si mesmas, gananciosas, presunçosas, soberbas, blasfemas, desobedientes a seus pais, ingratas, ímpias, sem afeição natural, implacáveis, caluniadores, incontinentes, cruéis, inimigas do bem, traidores, atrevidas, orgulhosas, mais amigas dos deleites do que amigos de Deus, tendo aparência de piedade, mas negando-lhe o poder. Afasta-te também dessas pessoas. Porque deste número são os que se introduzem pelas casas, e levam cativas mulheres néscias carregadas de pecados, levadas de várias concupiscências; sempre aprendendo, mas nunca podendo chegar ao pleno conhecimento da verdade (2Tm 3,1-7).

Quanto a ti, permanece firme naquilo que aprendeste e aceitaste como verdade. E sabes de quem o aprendeste! Desde criança conheces as Escrituras Sagradas. Elas têm o poder de te comunicar a sabedoria que conduz à salvação pela fé no Cristo Jesus. Toda Escritura é inspirada por Deus e é útil para ensinar, para argumentar, para corrigir, para educar conforme a justiça. Assim, a pessoa que é de Deus estará capacitada e bem preparada para toda boa obra (2Tm 3,14-17).

Caríssimos, não acrediteis em qualquer espírito, mas examinai os espíritos para ver se são de Deus, pois muitos falsos profetas vieram ao mundo. Este é o critério para saber se uma inspiração vem de Deus: de Deus é todo espírito que professa Jesus Cristo que veio na carne. E todo espírito que se recusa a professar Jesus não é de Deus: é do Anticristo. Ouvistes dizer que o Anticristo virá; pois bem, ele já está no mundo. Filhinhos, vós sois de Deus e vencestes aos que são do Anticristo. Pois em vós está quem é maior do que aquele que está no mundo. Eles são do mundo; por isso, agem conforme o mundo, e o mundo lhes presta ouvido. Nós somos de Deus. Quem conhece a Deus escuta-nos; quem não é de Deus não nos escuta. Nisto distinguimos o espírito da verdade e o espírito do erro (1Jo 4,1-6).

Porque já muitos enganadores saíram pelo mundo, os quais não confessam que Jesus Cristo veio em carne. Tal é o enganador e o anticristo. Olhai por vós mesmos, para que não percais o fruto do nosso trabalho, antes recebeis plena recompensa. Todo aquele que vai além do ensino de Cristo e não permanece nele, não tem a Deus; quem permanece neste ensino, esse tem tanto ao Pai como ao Filho. Se alguém vem ter convosco, e não traz este ensino, não o recebais em casa, nem tampouco o saudeis. Porque quem o saúda participa de suas más obras (2Jo 7-11).

No princípio era o Verbo, e o Verbo estava com Deus, e o Verbo era Deus. Ele estava no princípio com Deus. Todas as coisas foram feitas por intermédio dele, e sem ele nada do que foi feito se fez. Nele estava a vida, e a vida era a luz dos homens; a luz resplandece nas trevas, e as trevas não prevaleceram contra ela. Houve um homem enviado de Deus, cujo nome era João. Este veio como testemunha, a fim de dar testemunho da luz, para que todos cressem por meio dele. Ele não era a luz, mas veio para dar testemunho da luz. Pois a verdadeira luz, que alumia a todo homem, estava chegando ao mundo. Estava ele no mundo, e o mundo foi feito por intermédio dele, e o mundo não o conheceu. Veio para o que era seu, e os seus não o receberam (Jo 1,1-11).

Os textos neotestamentários que foram reproduzidos, cuja exegese não compete a nós articular de modo mais preciso, deixam entrever algumas perspectivas de fundo que serão levadas em consideração na tradição dos Padres, e que brevemente sintetizamos assim:

- *O critério cristológico:* "Todo espírito que confessa que Jesus Cristo veio em carne é de Deus; e todo espírito que não confessa a Jesus não é de Deus" (1Jo 4,2).
- *O critério da apostolicidade:* "Nós somos de Deus. Quem conhece a Deus escuta-nos; quem não é de Deus não nos escuta. Nisto distinguimos o espírito da verdade e o espírito do erro" (1Jo 4,6).
- *O critério da salvação universal:* "Porque a graça de Deus se manifestou, trazendo salvação a todas as pessoas" (Tt 2,11).

- *O critério da unidade sinfônica* entre as palavras de Cristo e as palavras da Escritura: "Toda Escritura é inspirada por Deus e é útil para ensinar, para argumentar, para corrigir, para educar conforme a justiça. Assim, a pessoa que é de Deus estará capacitada e bem preparada para toda boa obra" (2Tm 3,16-17).
- *O critério da ortopraxis:* "Deles fazem parte os que entram pelas casas e levam cativas mulheres sem juízo, cheias de pecado e movidas por várias paixões, sempre aprendendo, sem nunca chegar ao conhecimento da verdade" (2Tm 3,6-7).
- *O critério da bondade da criação:* "Tudo é puro para os que são puros, mas para os corrompidos e incrédulos nada é puro; antes, tanto a sua mente como a sua consciência estão contaminadas" (Tt 1,15).

INSCRIÇÕES ANTIGAS DE SABOR ANTIGNÓSTICO

Do conhecimento dos critérios anteriormente explicitados nasce e se desenvolve nos crentes o dom do discernimento, que pode ser expresso nas formas mais diversas, sem excluir nem mesmo as mais radicais. Em algumas inscrições cristãs antiquíssimas se pode constatar a presença de uma fé vivida com conotações nitidamente diversas daquelas presentes nos movimentos gnósticos contemporâneos. Aludimos a alguns textos que falam por si sós:[11]

> Ó Marítima Santa, não deixaste a doce luz, pois tinhas consigo o peixe incorruptível; em cada coisa, com efeito, a piedade sempre te precedeu (Catacumba de Priscila, *Inscriptiones Christianae Veteres* 20-23).
>
> "A mulher e os filhos ergueram este túmulo a Cláudio Calixto [...]. Atingiu extrema dignidade e glória elevada. Mas pelo desejo de ver Deus, morreu sem usufruir nada. [...] Todos os filhos consternados se declaram a alta voz as virtudes do bom pai (*omnes filii bonum patrem clamitant quaerentes*). A esposa o chora e procura sem encontrar quem perdera (*pariter et uxor luget, quaeret non inventura quem perdidit*) (Catacumba de Domitila, *Inscriptiones Christianae Veteres* 20-21).

---

[11] Os textos citados são de L. Zovatto (ed.), *Inscriptiones Christianae Veteres* (*Antiche Iscrizioni Cristiane*). Edizione bilíngue: latino/greco-italiano, FUSSI Editore, Firenze 1949.

O que será para mim a dor eterna. Quem me concederá ver a tua face venerável nos meus sonhos. Ó minha Albana, que para mim foste sempre casta e pudica. Eu me lamento de ter ficado sem ti, porque tu foste dada a mim como um dom sagrado pelo Criador divino (*quod mihi sanctum te dederat divinitus auctor*). Deixaste os teus e estás na paz do sono. Esposa benemérita, ressuscitarás. Este repouso que te é concedido. É muito temporâneo (*merita resurgis, temporalis tibi data requietio*) (De um cemitério romano: *Inscriptiones Christianae Veteres* 22-25).

No mesmo túmulo repousa uma jovem. [...] Possuía todos os dons que podiam alegrar os pais, Deus havia reunido nela (*in qua, quidquid habent cunctorum vota parentum contulerat tribuens omnia pulcra Deus*). Por isso o pai está de luto e contínua tristeza transparece nos rostos da avó e da mãe. É uma grande desventura perder tal afeto (*hinc mestus pater est, aviae matrique perennis tristitia, heu facinus causa, perit pietas*). Escuta, ó tu que banhas constantemente o rosto com o teu pranto; a morte não é nada; presta atenção na vida eterna (*accipe, qui lacrimis profundis iugiter ora: mors nihil est, vitam respice perpetuam*) (Da Gália Lionense: *Inscriptiones Christianae Veteres* 34-35).

Pai de todos acolhe aqueles que criou: Ireneu, Zoé e Marcelo. Glória a ti em Cristo (Catacumba de Priscila, *Inscriptiones Chrustianae Veteres* 40-41).

Cidadão de uma eleita cidade, ainda vivo escolhi este monumento para ter, no momento predito por Deus, um lugar de repouso para o corpo. Eu me chamo Abércio. Sou discípulo de um casto pastor, que apascenta sua grei de ovelhas no monte e na planície. Tem olhos grandes convergentes. Ele me ensinou as Escrituras. Enviou-me a Roma para contemplar um Reino, para ver uma rainha de áureas vestes e calçados. Aqui eu vi um povo insigne por um esplêndido sinal. A fé me conduzia para todos os lugares e aí me preparou para alimento um peixe de nascente muito grande, puro, que uma virgem imaculada pescou e o deu aos amigos para que o comessem. Ela possuía um vinho delicioso, distribuindo-o juntamente com o pão (Inscrição de Abércio, bispo do século II, *Inscriptiones Christianae Veteres* 48-49).

Nestes brevíssimos textos antigos cristãos já se podem encontrar os inícios de contatos "críticos" e "compreensivos" para com a mentalidade "gnóstica" contemporânea, que fazia tentativas diversas de aproximações por parte dos autores cristãos.

Poder-se-ia até apresentar como hipótese certa contaminação das teses gnósticas com alguns esquemas de apresentação do mistério cristão em autores do Novo Testamento, como Paulo e João. Essa contaminação, que em concreto é possível descrever como uma tomada de posição emprestada do vocabulário e do esquema mental gnóstico para submeter ao anúncio da fé cristã – gnose plena e verdadeira –, poderia ser entendida, de resto, na linha do que hoje é chamada de "atitude ecumênica e compreensiva", nos confrontos do movimento gnóstico contemporâneo. Mas, ao lado dessa atitude "aberta", existe, em todo caso, desde os textos do Novo Testamento, já citados na íntegra, uma atitude fortemente polêmica e crítica, que parece reduzir todas as intuições típicas do movimento gnóstico a fábulas fantasiosas de homens "faladores e enganadores" (cf. Tt 1,10), a quem 2Jo 11 recomenda até não cumprimentar, pois "quem os saúda participa de suas obras indignas".

II. Da Didaque à Carta de Barnabé

Nos primeiros textos da era patrística podemos encontrar facilmente a confirmação das duas linhas mencionadas antes. O fato se torna bastante claro caso se procure ler alguns textos escolhidos, colocando-os em ordem conforme a cronologia adquirida, em princípio, pela crítica histórica. Como exemplos, propomos os textos a seguir: eles proveem do primeiro período da Patrística, a chamada "época dos Padres apostólicos".[1]

DIDACHE TON APOSTOLON[2]

"Nós te agradecemos, Pai nosso, pela vida e pelo conhecimento no qual nos iniciaste por meio de teu Filho, Jesus Cristo; a Ti a glória pelos séculos. Como os elementos deste pão agora partido estavam espalhados nos montes e depois reunidos, se tornaram uma única massa, assim está reunida a tua Igreja da extremidade da terra no teu reino, pois tua é a glória e o poder por Jesus Cristo nos séculos" (*Didaque* 9,3-4).

---

[1] A categoria de Padres Apostólicos é uma invenção dos estudiosos do século XVIII. Ela foi considerada útil pela quase totalidade dos especialistas da literatura cristã antiga. Com efeito, ela permitia recolher sob uma única etiqueta alguns escritores da primeira geração subapostólica (Pseudo-Barnabé, Clemente de Roma, Inácio de Antioquia, Policarpo de Esmirna, Pastor de Hermas, Pápias de Hierápolis) e dois textos anônimos, muito preciosos, conhecidos pelos nomes de *Didaque* e *Epístola a Diogneto*. A crítica contemporânea tem discutido muito sobre a datação de cada um destes autores e textos, que, obviamente não possuem todos o mesmo valor e autoridade. Quasten fez um balanço de toda a problemática, chegando a uma definição que pode ser subscrita ao menos em princípio. Com efeito, ele sustenta que se chamam "Padres Apostólicos os escritores cristãos do I e do início do século II, cujo ensinamento é quase eco direto da pregação dos apóstolos, quer os tenham conhecido pessoalmente, quer tenham escutado os seus discípulos" (*Patrologia* 44).

[2] "Um grupo de estudiosos considera que a obra foi composta entre os anos 50 e 70, outros entre 100 e 150, outros ainda entre o final do século II e os inícios do III [...]. Talvez estejam no caminho certo os que afirmam que a obra foi composta na segunda metade do século I" (*Quacquarelli* 26).

"Se alguém vier até vocês ensinando tudo o que foi dito antes, deve ser acolhido. Mas se aquele que ensina for perverso e expuser outra doutrina para destruir, não lhe deem atenção. Contudo, se ele ensina para estabelecer a justiça e o conhecimento do Senhor, vocês devem acolhê-lo como se fosse o Senhor" (*Didaque* 11,1-2).

"Acolham todo aquele que vier em nome do Senhor. Depois, examinem para conhecê-lo, pois vocês têm juízo para distinguir a esquerda da direita [...]. Se quiser estabelecer-se com vocês e tiver uma profissão, então trabalhe para se sustentar. Se ele, porém, não tiver profissão, procedam conforme a prudência, para que um cristão não viva ociosamente entre vocês. Se ele não quiser aceitar isso, é um comerciante de Cristo. Tenham cuidado com essa gente" (*Didaque* 12,1-2.4-5).

CLEMENTE ROMANO[3]

"Portanto, formaremos uma porção santa, praticando tudo o que santifica, fugindo das maledicências, das ligações impuras e manchadas, da embriaguez, do prurido de novidades, das posições vis, do adultério infame, do orgulho odioso [...]. Unamo-nos, portanto, aos que receberam a graça de Deus [...]. Imprudência, presunção, temeridade são próprias dos amaldiçoados por Deus; benevolência, humildade, mansidão estão com aqueles que são abençoados por Deus (Clemente Romano, *Primeira Carta aos Coríntios* 10,1-8).

INÁCIO DE ANTIOQUIA[4]

"Há alguns que trazem o nome, mas realizam ações indignas de Deus. É preciso evitá-los como animais ferozes. São cães hidrófobos que mordem sor-

---

[3] "Não temos dados biográficos que possam delinear a sua figura, mas a carta que escreveu aos Coríntios é um documento histórico de grande importância [...]. Uma tradição afirma que ele foi martirizado. Com efeito, existe uma *Passio Clementis* do século V, mas não possuímos uma documentação histórica segura [...]. Alguns críticos quiseram identificá-lo com o cônsul Tito Flávio Clemente, primo do imperador Domiciano e que foi condenado à morte em 95, acusado de impiedade" (*Quacquarelli* 43.47).

[4] "Não se sabe precisamente o ano no qual foi martirizado [...]. Os críticos modernos sustentam que seja entre 110 e 118. Permanece, contudo, como mais provável a data de Eusébio, isto é, o ano de 107" (*Quacquarelli* 97). As cartas que a crítica moderna atribui a Inácio são sete e foram endereçadas a: Efésios, Magnésios, Tralianos, Romanos, Filadélfios, Esmirnenses e Policarpo (*Quacquarelli* 98).

rateiramente. É preciso estar precavido, pois sua mordedura é incurável. Não há senão um médico, material e imaterial, gerado e não gerado, feito Deus em carne, vida verdadeira na morte, nascido de Maria e de Deus. Antes passível e depois impassível, Jesus Cristo Nosso Senhor (*Carta aos Efésios* 7,1-2).

"É melhor calar e ser, do que falar e não ser. É bom ensinar, se aquele que fala, faz. De fato, há um único mestre, aquele que disse e fez. E o que ele fez, calando, são coisas dignas do Pai. Aquele que possui verdadeiramente a palavra de Jesus pode perceber também seu silêncio, a fim de ser perfeito, para realizar o que diz ou para ser conhecido pelo seu silêncio. Nada está escondido para o Senhor, mas até nossos segredos estão junto dele. Portanto, façamos tudo considerando que ele habita dentro de nós, para sermos templos dele e ele próprio ser o nosso Deus dentro de nós, como o é de fato e como aparecerá diante de nossa face, se o amarmos justamente! (*Carta aos Efésios* 15,1-2).

"Ao príncipe deste mundo ficou escondida a virgindade de Maria, seu parto, e igualmente a morte do Senhor. Três mistérios retumbantes, que foram realizados no silêncio de Deus. Como, então, foram manifestados ao mundo? Um astro brilhou no céu mais que todos os astros, sua luz era indizível e sua novidade causou admiração. Todos os astros, juntamente com o sol e a lua, formaram coro em torno do astro, e ele projetou sua luz mais do que todos. Houve admiração. Donde vinha a novidade tão estranha a eles? Deus apareceu em forma de homem, para uma novidade de vida eterna. Então, toda magia foi destruída, se rompeu todo laço de iniquidade. Desapareceu a ignorância, o antigo império caiu. Aquilo que havida sido decidido por Deus começava a se realizar. Tudo ficou perturbado para preparar a destruição da morte" (*Carta aos Efésios* 19,1-2).

"Mantende-vos surdos na hora em que alguém vos falar de outra coisa que de Jesus, da descendência de Davi, filho de Maria, o qual nasceu de fato, comeu e bebeu, foi realmente perseguido sob Pôncio Pilatos, de fato foi crucificado e morreu à vista dos que estão nos céus, na terra e debaixo da terra. O qual de fato também ressurgiu dos mortos, ressuscitando-o o próprio Pai. É o mesmo Pai d'ele que, à sua semelhança, ressuscitará em Cristo Jesus aos que cremos n'ele; fora d'ele, não temos vida verdadeira" (*Carta aos Tralianos* 9,1).

"Se, porém, como afirmam alguns que são ateus, isto é, sem fé, ele só tivesse sofrido aparentemente – eles é que só existem aparentemente –, eu, por que estou preso, por que peço para combater com as feras? Morro, pois, em vão. Estaria então a mentir contra o Senhor" (*Carta aos Tralianos*, 10).

"Fugi, pois, destas plantas parasitas, que produzem fruto mortífero. Se alguém provar delas, morre na hora. Não são, pois, eles plantação do Pai. Se o fossem, apareceriam como rebentos da cruz, e seu fruto seria imperecível" (*Carta aos Tralianos*, 11,1).

"Nada façais sem o Bispo! Guardai vosso corpo como templo de Deus! Amai a união! Fugi das discórdias! Tornai-vos imitadores de Jesus Cristo, como ele o é do Pai!" (*Carta aos Filadelfos* 7,2).

"Estais plenamente convencidos de Nosso Senhor, que é de fato da linhagem de Davi, segundo a carne, Filho de Deus, porém consoante a vontade e o poder de Deus, de fato nascido de uma Virgem e batizado por João, a fim de que se cumpra nele toda a justiça. Sob Pôncio Pilatos, e o tetrarca Herodes, foi também de fato pregado (na Cruz), em carne, por nossa causa – fruto pelo qual temos a vida, pela sua Paixão bendita em Deus –, a fim de que ele, por sua ressurreição, levantasse seu sinal para os séculos em benefício de seus santos fiéis, tanto judeus como gentios, no único corpo de sua Igreja. Tudo isso sofreu o Senhor para que fôssemos salvos. E sofreu realmente como realmente ressuscitou, não como dizem alguns infiéis, estes que são aparência, que sofreu aparentemente" (*Carta aos Esmirnenses* 1,1).

POLICARPO DE ESMIRNA[5]

"Quem não confessa que Jesus veio na carne é um Anticristo. Quem não confessa o testemunho da Cruz, está do lado do diabo. Quem distorce as pa-

---

[5] "Nasceu de pais cristãos por volta de 65 d.C. Em 154 foi a Roma quando Aniceto era Bispo de Roma. Foi como delegado da Igreja da Ásia a fim de tratar da questão da data da celebração da Páscoa. A questão era se ela devia ser celebrada como os judeus (14 de Nisan), ou no domingo sucessivo. Diversamente de Roma, a tradição da Ásia conservava o costume judaico. Em Roma encontrou-se com o herege Marcião. Retornando a Esmirna foi martirizado sob o imperador Antonino Pio no dia 23 de fevereiro de 155" (*Quacquarelli* 147). "Do martírio de Policarpo temos informações precisas por uma carta da comunidade de Esmirna. O documento é um dos mais comoventes que a antiguidade cristã nos legou. A redação é de um contemporâneo que conheceu o mártir e viu Policarpo ser queimado entre as chamas" (*Quacquarelli* 149).

lavras do Senhor pelas suas vontades e afirma que não existe nem ressurreição nem juízo é o primogênito de Satanás. Por isso, abandonando a vaidade de muitos e as falsas doutrinas, retornemos à palavra que nos foi transmitida desde o início e perseveremos no jejum. Com as preces peçamos a Deus, que tudo vê, que "não nos permita cair em tentação", pois o Senhor disse: "O espírito está pronto, mas a carne é fraca" (*Segunda Carta aos Filipenses* 7,1)

Como conclusão, poder-se-ia ler o discurso (ou carta) *A Diogneto*,[6] de autor desconhecido, escrita por volta de 150.

A CARTA DE BARNABÉ

Premissa

O contexto gnóstico ou antignóstico não basta, por si só, para dar razão à origem das exegeses das primeiras gerações de escritores cristãos. Antes, devemos acrescentar que, levando em consideração as origens da Igreja e da sinagoga, não existe nem mesmo a motivação principal. Com efeito, a exegese cristã nasce no momento em que Jesus foi compreendido como Aquele do qual tratam a Lei e os Profetas. Nesse sentido se deve dizer que as origens por excelência da exegese cristã são todas encontradas no Novo Testamento. Paulo, os sinóticos, João, os autores da Carta aos Hebreus, do Apocalipse e das cartas católicas são a fonte claríssima da qual os Padres cristãos retiraram e com a qual justificaram a própria hermenêutica bíblica.

Ultrapassa a nossa intenção aprofundar o conhecimento do método hermenêutico do Novo Testamento. Não podemos, contudo, deixar de recordar o desenvolvimento, em número e em qualidade, que tiveram os assim chamados *Testimonia*, já utilizados pelo Novo Testamento, pelas gerações sucessivas.

Emblemático, no contexto da literatura que recebeu a etiqueta de "Padres Apostólicos", um texto particularíssimo, ou seja, a *Carta do Pseudo-Barnabé*,[7]

---

[6] "O único manuscrito que restou da obra foi destruído na guerra franco-prussiana de 1870, com o incêndio da biblioteca de Estrasburgo" (*Quacquarelli* 352).

[7] Desta carta, falsamente atribuída a Barnabé, companheiro de Paulo em algumas viagens apostólicas, falam já Clemente Alexandrino, Orígenes e, posteriormente, Jerônimo, que a creditavam como autêntica. A crítica moderna afirma que se trata de um escrito composto de um *didaskalos* que viveu entre o final do

em que é muito acentuada a polêmica dos discípulos de Jesus de Nazaré (já presente no Novo Testamento e em particular na Carta aos Hebreus) nos confrontos de métodos e conteúdos da hermenêutica hebraica. Sobre este texto, contudo, se crê oportuno deter-nos com maior atenção.

A propósito da exegese bíblica desta carta, A. Quacquarelli observa que o autor

> ora recorre a certas paráfrases das passagens. Ora a verdadeiras e próprias citações, ora a um acúmulo de textos. Para ele tudo está ligado nos Textos Sagrados, sempre uma passagem pode declarar a outra, mas para evitar intermináveis referências, utiliza a expressão "como foi escrito". Na exegese não segue uma norma, mas toma elementos da tradição popular [...] que servem para reforçar as suas advertências [...].
> A paixão de Cristo, a causa da remissão dos pecados, é o fulcro da carta, para recolher as prefigurações do Novo Testamento que estão no Antigo.[8]

O clima antijudaico que já se respirava naqueles anos nas igrejas cristãs siro-palestinenses justifica provavelmente as teses tão radicais que o autor desenvolve. A lembrança da destruição de Jerusalém e do seu templo estão, provavelmente, por trás de afirmações como a que segue:

> O Senhor, mediante os profetas, fez conhecer as coisas passadas e presentes, levando-nos a saborear as futuras. Nós, vendo que as coisas se realizam uma a uma, como ele havia dito, devemos progredir no seu temor de forma mais generosa e mais elevada (*Epístola de Barnabé* 2,1).

Tal polêmica torna-se muito dura, quando o autor chega a sustentar "A aliança [dos judeus] rompeu-se para que a do amado Jesus fosse instalada profundamente em nossos corações, com a esperança da fé nele" (*Epístola de Barnabé* 4,9). O autor escreve, por exemplo:

I e o início do século II, no contexto da comunidade cristã que surgiu no ambiente siro-palestinense (cf. *Quacquarelli* 181-185).

[8] *Quacquarelli* 182.

Mostrar-te-ei, pois, como ele nos fala: nos últimos tempos [Deus] realizou uma segunda criação. Diz o Senhor: "Eis que eu faço as últimas coisas como as primeiras". Neste sentido falou o profeta, quando disse: "Entrai na terra de onde brotam o leite e o mel e sereis saciados" (cf. Ex 33,3 e Gn 1,26). Portanto, fomos criados uma segunda vez, e o diz um outro profeta: "Eis que eu retirarei deles", isto, daqueles que foram previstos pelo Espírito do Senhor, "os corações de pedra e darei corações de carne" (Ez 11,19). Ele mesmo devia manifestar-se na carne e morar em nosso meio. Meus irmãos, a morada do nosso coração é um templo santo para o Senhor [...]. Nós somos aqueles que introduziu na terra boa" (*Epístola de Barnabé* 6,13-15).

Tal convicção o autor não deixa de sublinhar repetidamente no decorrer de sua carta. A propósito da aliança, sustenta, por exemplo:

Moisés a recebeu, mas eles não foram dignos dela. Aprendei como nós a recebemos. Moisés a recebeu como servo, mas o mesmo Senhor em pessoa a deu a nós, o povo herdeiro, tendo sofrido por nós. Ele apareceu no mundo para que aqueles [os judeus] completassem a medida dos pecados e nós recebêssemos a aliança mediante Jesus Cristo que é o herdeiro (*Epístola de Barnabé* 14,4-5).

A propósito do templo observa:

Pelo que diz respeito ao templo, eu vos direi que aqueles miseráveis, enganando-se, esperaram em um edifício como se fosse a casa de Deus e não do Deus que os havia criado. Eles o tinham transformado quase ao rol de um templo pagão. Mas aprendei o que fala o Senhor [...]: "Eis que aqueles que destruíram este templo. Eles o reedificarão". E isto acontece. Durante a sua guerra [contra os romanos] foi destruído pelos inimigos. Ora, os mesmos servidores dos inimigos o reedificarão. Fora ainda anunciado que a cidade, o templo e o povo de Israel seriam submetidos [aos inimigos...]. E aconteceu como falou o Senhor.
Interroguemos se ainda existe o templo do Senhor. Existe certamente, mas onde ele mesmo mandou construí-lo e terminá-lo! Com efeito está escrito: "Acontecerá que, completada a semana, o templo glorioso de Deus será edificado no nome do Senhor". Digo, pois, que o templo existe. Então, aprendei que o templo será edificado no nome do Senhor. Antes que tivéssemos acreditado no Senhor, a habitação do nosso coração era corruptível e frágil como uma edificação feita por mãos humanas. Estava repleto de idolatria era a casa dos demônios que praticavam ações contrárias à vontade de Deus [...]. Obtida a remissão dos pecados

e esperando em seu nome, nós nos tornamos renovados, regenerados desde as raízes. Por isso, agora Deus mora verdadeiramente em nossa casa e em nós. Mas como? Por meio de sua palavra fiel e o chamado da sua promessa, a sabedoria das suas leis, os preceitos da sua doutrina. E ele, em pessoa, profetizando em nós. Habitando em nós e abrindo-nos a porta do templo, que é a nossa boca, e concedendo-nos o arrependimento, libera-nos da escravidão da morte, tornando-nos templos incorruptíveis [...]. Este é o templo espiritual edificado pelo Senhor (*Epístola de Barnabé* 14,6-10).

A interpretação espiritual do texto bíblico e de todos os elementos característicos da aliança mosaica está fora de discussão, mas causa espanto a motivação histórica para fundamentar o sentido dado como "espiritual". Uma motivação que o autor não deixa de indicar de forma absolutamente precisa: "o templo [...] durante a sua guerra foi destruído pelos inimigos [...] foi anunciado que a cidade e o povo de Israel seriam entregues [...]. Aconteceu como o Senhor predisse" (*Epístola de Barnabé* 14,4-6). A pesquisa para um significado diferente do literal é imposta pelos acontecimentos históricos, até o ponto de estes últimos se tornarem perguntas hermenêuticas a ser colocadas de modo obrigatório no texto bíblico. Uma colocação de método que não deveria ser posta de lado e que, a partir daquele período, se tornará uma constante da hermenêutica cristã.

Ao contrário, de outro tipo é a hermenêutica que se funda sobre o pressuposto do conteúdo profético intrínseco ao próprio texto e que se apresenta como algo a mais ao simples sentido literal, denominado prefiguração, e encontra sua plena realização somente em acontecimentos e personagens futuros nos quais se podem identificar detalhes já presentes em fatos e pessoas do passado.

O gargalo da ampulheta, que, invertido, permite o reexame de cada aspecto do passado no presente, é individualizado certamente, neste caso, nos acontecimentos que se realizam ao redor de Jesus de Nazaré, observados sobretudo em sua paixão e morte. Mas não faltam acenos explícitos que prolongam esse presente "crístico" em acontecimentos e personagens que dizem respeito à comunidade dos discípulos, agora concretizados na história como Igreja.

A prefiguração do bode expiatório

Exemplos impressionantes do segundo aspecto do método exegético do autor são as explicações dadas, sobretudo, a propósito de alguns textos do livro do *Levítico*, nos quais ele lê, com aproximações e interpretações, na verdade, nem sempre muito claras, uma profecia ou comparação com aquilo que aconteceu na paixão e morte de Jesus de Nazaré. Por exemplo, ele escreve a propósito de Mt 27,34.48: "Já crucificado, deram-lhe para beber vinagre com fel". O mandamento prescrevia: "Quem não jejuar no dia prescrito, será condenado à morte" (Lv 23,29). O Senhor tinha assim ordenado, porque, também ele, teria sofrido o sacrifício do seu corpo pelos nossos pecados, a fim de que se cumprisse a figura manifestada em Isaac, que foi oferecido sobre o altar" (*Epístola de Barnabé* 7,3). Aí se utiliza de novo da explicação já dada num conjunto de textos por ele atribuído ao livro do Levítico, mas provavelmente de uma coleta de tradições orais, que lhe permitem formular outra prescrição precisa da lei, nestas palavras: "Comam a carne do cabrito oferecido durante o jejum pelos pecados de todos", para perguntar, imediatamente depois: "O que diz o profeta?". Segue-se uma recomendação, a qual também diz respeito a uma prescrição presente somente em uma coleção oral: "Notai bem: só os sacerdotes comam as vísceras que não foram lavadas com vinagre", que lhe permite se perguntar: "por quê". E dá a resposta que tinha em mente desde o início: "Porque darei para beber vinagre e fel a mim, que estou para oferecer o meu corpo pelos pecados do meu povo novo. Vós somente comereis dele enquanto o povo jejuar e se flagelar nos sacos e na cinza, para mostrar que é necessário sofrer por sua culpa" (*Epístola de Barnabé* 7,4-5).

Permanecendo no interior da mesma temática, o autor prossegue: "Foi ordenado: tomai dois cabritos belos e iguais, oferecei um deles e o sacerdote toma um deles como holocausto pelos pecados" (Lv 16,5.7.9). Depois se interroga: "Que faremos do outro? Maldito, diz, será um deles" (Lv 16,8.10). Acrescenta o autor: "Atenção ao modo como é revelada a figura de Jesus: 'e todos cuspirão sobre ele. Perfurai-o e amarrai ao redor de sua cabeça a lã vermelha e desta forma lançai-o no deserto'" (*Epístola de Barnabé* 7,6-8).

Trata-se de um novo recurso a uma colagem oral que lhe permitia concluir: "Assim acontece. Aquele que conduz o cabrito, leva-o ao deserto, tira-lhe a lã vermelha, colocando-a em cima de uma moita de arbustos chamado 'rovo', dos quais usamos comer os frutos quando nos encontramos no campo; só os frutos do 'rovo' são assim doces"; para, portanto, perguntar: "O que isto significa?" (*Epístola de Barnabé* 7,8-9).

Neste ponto segue sua ampla e particularizadamente rica exegese cristã sobre a prescrição legal judaica, em perfeito estilo mateano, introduzido pela explícita citação, embora sintética, de um texto do Lv 16,8. "Um (dos dois cabritos) sobre o altar, o outro amaldiçoado". O autor logo pergunta: "Por que o que foi amaldiçoado é coroado?". E logo responde: "Porque um dia o verão vestido com a veste vermelha em torno ao corpo e dirão: não é aquele que crucificamos, ultrajamos e cuspimos? Verdadeiramente era aquele que então dizia ser o Filho de Deus".

E eis uma outra interrogação: "Como, então, um semelhante ao outro?". E responde: "Por isto se fala de cabritos semelhantes, belos e iguais, a fim de que os malvados, quando o virem vir, sejam atingidos pela semelhança dos cabritos. Eis a figura de Cristo que devia sofrer. E por que jogaram a lã entre os espinheiros?". A resposta: "É a figura de Jesus para a Igreja. Quem quiser pegar a lã vermelha, tem que sofrer muito pelo medo dos espinhos e ficar dolorido, mas poderá pegar a lã. 'Destarte – afirma Jesus –, aqueles que desejam ver-me e conseguir o meu Reino devem consegui-lo em meio às tribulações e nos sofrimentos'" (*Epístola de Barnabé* 8,1-11).

A novilha vermelha

A exegese de Mateus é completada pela interpretação de outra prescrição legal retirada, desta vez, do livro dos Números. Trata-se de Nm 19,1-10:

> O Senhor falou a Moisés e Aarão: "Esta é uma disposição da lei que o Senhor prescreve: Dize aos israelitas que providenciem uma vaca vermelha, sem defeito algum e na qual nunca foi posta a canga. Entregareis a vaca ao sacerdote Eleazar, que mandará levá-la para fora do acampamento para ser imolada em sua presença. Tomando um pouco do sangue com o dedo, o sacerdote Eleazar

o aspergirá sete vezes na direção da entrada da Tenda do Encontro. Em seguida a vaca será queimada em sua presença. Serão queimados o couro, a carne, o sangue e os excrementos. Então o sacerdote tomará madeira de cedro, hissopo e púrpura e os lançará no meio da fogueira em que arde a vaca. Após lavar as vestes e banhar o corpo em água, o sacerdote retornará ao acampamento, mas ficará impuro até à tarde. Do mesmo modo, quem ateou fogo à vaca lavará as vestes, banhará o corpo em água e ficará impuro até à tarde. Um homem que esteja em estado de pureza recolherá as cinzas da vaca e as depositará em lugar puro. Serão conservadas pela comunidade dos israelitas para preparar a água purificadora. Trata-se de um sacrifício pelo pecado. Aquele que recolheu as cinzas da vaca lavará as vestes e ficará impuro até à tarde. Isso será lei perpétua para os israelitas e para o estrangeiro que vive entre eles".

E o autor, considerando conhecida a prescrição da lei, pergunta-se imediatamente:

A qual figura pensais (que se refira a Lei) quando a Israel foi ordenado que (em caso) de culpas gravíssimas, os homens ofereçam uma novilha, que a matasse e a queimasse? (Ou então quando) se prescreve, ao invés, que crianças recolham as cinzas. As coloquem em vasos e coloquem ao redor do madeiro a lã vermelha (de novo a imagem da cruz e a lã vermelha) e o hissopo, e assim as crianças aspirjam um a um o povo para que seja purificado dos seus pecados? (*Epístola de Barnabé* 8,1).

Estamos de novo diante de citações muito imprecisas do texto bíblico. Elas nos levam a suspeitar de um conhecimento muito vago do texto bíblico, talvez enriquecido ou confuso por tradições orais não suficientemente fundamentadas pelo confronto com o texto escrito original. O autor, em qualquer caso, retira os elementos que lhe parecem apropriados para a explicação que está para dar e conclui: "Considerai a simplicidade (talvez se possa traduzir a 'clareza') com a qual vos fala o texto (o texto da Lei). A novilha é Jesus. Os pecadores que a ofereceram são aqueles que o conduziram ao sacrifício". Após uma semelhante declaração, que a ele parece absolutamente óbvia, o autor conclui com severidade: "Basta com estas pessoas, basta com a glória dos pecadores!". Então continua com suas explicações exegéticas: "As crianças que aspergem são as pessoas que nos anunciaram a remissão dos pecados e a purificação do coração. A elas foi conferida a faculdade de anunciar o Evangelho, como os Doze. À semelhança das tribos, uma vez que doze eram as tribos de Israel" (*Epístola de Barnabé* 8,2-3).

O autor jamais duvida nem faz nenhum aceno à possibilidade de que se possa dar uma explicação diversa. A referência aos doze apóstolos, número necessário porque doze eram as tribos de Israel, é tão óbvia quanto a referência a Jesus, identificado com a novilha vermelha, bem como a referência àqueles que o conduziram ao sacrifício, identificados com os pecadores, aos quais se deve dizer simplesmente: "Basta!".

Convencido de que cada mínima particularidade do texto deva possuir uma explicação, o autor interroga-se ainda sobre o número dos jovens, que presume, por sua tradição oral, que devam ser três, encarregados da aspersão do povo: "Por que são três as crianças que aspergem?". Oferece sozinho a resposta óbvia: "Pelo testemunho de Abraão, Isaac e Jacó, grandes diante de Deus". Continuando suas interrogações particulares, acrescenta: "Por que a lã está sobre o lenho?". Também neste caso responde: "Porque o reino de Jesus está sobre o lenho e quem espera nele viverá eternamente". E mais: "Por que a lã e o hissopo estão juntos?" "Porque durante o seu reino haverá dias tristes e mórbidos, durante os quais nós seremos salvos. Quem sofre na carne, será salvo pela casca do hissopo". Ele chega, desta forma, à triunfante afirmação final: "Tais fatos nos parecem claros. Ao contrário, são obscuros para aqueles que não ouviram a voz do Senhor" (*Epístola de Barnabé* 8,2-7).

O sinal da circuncisão

Como terceiro exemplo da exegese da *Epístola de Barnabé*, pode-se propor aquilo que o autor escreve sobre a circuncisão. Neste caso a explicação exegética é introduzida por uma série de referências bíblicas distintas da Lei, dos Profetas e dos Salmos, que permitem chegar à mesma conclusão.

Isto diz o Senhor nosso Deus (aqui encontro o preceito): "Não semeeis entre os espinhos, mas circuncidai-vos para o Senhor, nosso Deus" (Jr 9,3-4). O que acrescenta depois? "Circuncidai a dureza do vosso coração" (Dt 10,16). E ainda:

"Eis, diz o Senhor: todos os povos gentios são circuncidados nos prepúcios, este povo é incircunciso no coração" (Jr 9,25-26; *Epístola de Barnabé* 9,4).

Diante da objeção, provavelmente comum, que reconduzia a circuncisão a um problema de identidade garantida por uma espécie de marca na carne, o autor apressa-se logo em esclarecer: "Porém, circuncidam-se todo sírio e árabe e todos os sacerdotes dos ídolos. Portanto, pertencem eles à aliança? Também os egípcios são circuncidados". Sendo assim, mostrando-se mestre atencioso, explica: "Filhos do amor, procurai compreender com maior precisão estas coisas. Abraão, realizando primeiro a circuncisão, previa Jesus no espírito, porque conhecia os símbolos das três cartas" (*Epístola de Barnabé* 9,5-6).

De quais cartas se trata? O autor se apressa a revelar logo.

Com efeito, a Escritura diz: "Abraão circuncidou trezentos e dezoito homens da sua casa" (Gn 14,14).[9] Qual foi o significado revelado (a Abraão) podeis compreender se entenderes que ele diz primeiro dezoito e, fazendo uma separação, acrescenta trezentos. Em grego, dezoito se indica com um *iota* (= dez) e um *eta* (= oito). Tens assim Jesus.[10] Uma vez que a cruz é figurada pelo tau, que devia comportar a graça, acrescenta também trezentos[11] para indicar Jesus nas duas primeiras letras e a cruz em um tau. Quem conseguiu entrever em nós o dom da sua doutrina, sabe bem disto. Ninguém aprendeu de mim palavra mais sincera, mas sei que vós sois dignos dela" (*Epístola de Barnabé* 9,7-8).

Todo este aprofundamento ligado à interpretação de um número é colocado como confirmação de uma convicção que o autor já havia anunciado no início da sua explicação, na qual dissera que o mesmo Senhor "circuncidou

---

[9] Uma exegese realizada através da decifração dos números aparece certamente muito estranha a um leitor moderno. Não o era, certamente, para os antigos e muito menos para os contemporâneos, gregos e bárbaros que fossem, do tempo do nosso autor. A abertura dos enigmas escondidos nos números continuará sendo um exercício exegético muito seguido pela antiguidade e até durante toda a Idade Média. De resto, alguns números eram já prescritos, com uma importância, não somente em textos judaicos e apocalípticos em particular, mas também em textos fundamentais do Novo Testamento. Os Padres que sucederam ao Novo Testamento, fossem da tradição hebraica, fossem da cristã, não deixarão de dedicar parte não pequena da sua fadiga hermenêutica ao texto bíblico. O exemplo oferecido pela *Carta de Barnabé* não deveria ser, portanto, completamente ignorado por quem quer entrar, mesmo que um pouco, na mentalidade exegética dos Padres da Igreja.

[10] Faz-se referência ao nome de Jesus em grego (*Iesous*), cujas iniciais são justamente *iota* e *eta*.

[11] Em grego *triakosioi*; portanto, com o tau inicial.

os nossos ouvidos a fim de que, escutando a palavra, nós acreditássemos. Ao contrário, é abolida a circuncisão na qual acreditaram (os judeus). Com efeito, o Senhor tinha falado de uma circuncisão que não devia ser feita na carne. Mas eles transgrediram, pois foram enganados por um anjo mau" (*Epístola de Barnabé* 9,3-4).

Uma verdade à qual o autor se refere no final de sua explicação, quando, evidenciando a dimensão misteriosa (ou melhor, mística) da explicação dada, acrescenta: "Quem infundiu em nós o dom da sua doutrina o sabe. Ninguém aprendeu de mim palavra mais sincera, mas eu sei que vós sois dignos" (*Epístola de Barnabé* 9,9).

Os pressupostos de um método

A última expressão, relativa à reinterpretação do sinal da circuncisão, revela uma preocupação que retorna frequentemente na pena do autor e, portanto, pode ser reconhecida como verdadeira e própria premissa de sua hermenêutica. Ele escreve, por exemplo, no final do capítulo dez, após ter insistido sobre a necessidade de não interpretar em sentido simplesmente material ou literal as prescrições da Lei relativas ao se nutrir de animais que tenham as unhas do pé divididas e que ruminam (Lv 11,3; Dt 14,6):

> O que, pois, diz a Lei? Estai unidos aos que temem o Senhor, aos que meditam em seu coração o sentido exato da palavra que aprenderam, que falam dos mandamentos do Senhor e os observam, que sabem que a meditação é alegria e que ruminam a palavra do Senhor. Qual é, pois, o sentido do pé dividido? Que o justo caminha neste mundo, mas espera a bem-aventurada eternidade. Considerai, pois, como Moisés legislou sabiamente. Mas como é possível para eles (os judeus) colher e penetrar o sentido de tudo isto? Nós, porém, tendo compreendido exatamente os preceitos, os exprimimos como os entendeu o Senhor. Com efeito, Ele circuncidou os nossos ouvidos e os nossos corações justamente para isto: para compreender todas estas coisas (*Epístola de Barnabé* 10,11-12).

No capítulo sucessivo, numa breve interpretação de Ez 47,1-12, no qual se fala de um rio que brota do lado direito do templo e produz frutos ao longo de suas margens, de modo que as pessoas que os comerem vivem eternamente, o autor sustenta: "Isto significa que nós descemos na água (batismal) cheios de pecados e sujeira e saímos trazendo o fruto no coração, tendo no espírito o temor e a esperança em Jesus". E as palavras pronunciadas naquele contexto querem recordar que "todo aquele que ouvir estas palavras e nelas crer, viverá eternamente" (*Epístola de Barnabé* 11,11).

Concluindo a primeira parte da sua carta, o autor considera oportuno fazer esta precisão: "Eu vos expliquei na simplicidade quanto era possível e a minha alma espera não ter deixado nada de lado. Se vos escrevesse coisas presentes ou futuras, não me compreenderíeis, pois elas estão envolvidas em alegorias" (*Epístola de Barnabé* 17,1-2).

A última expressão retoma uma convicção relativa à forma retórica da alegoria, já presente em Cícero. O que mais surpreende é o convencimento que possa existir não somente no futuro, mas já no presente, sobre realidades que não podem ser comunicadas, pois permaneceriam incompreensíveis para a comunidade dos crentes às quais se dirige o autor. Um conhecimento explícito do mistério que envolve tudo o que concerne, neste momento, a comunidade da Igreja?

CONSIDERAÇÕES CONCLUSIVAS

Procuramos relembrar, com brevidade, alguns textos que entraram no Cânon do Novo Testamento e que parecem afrontar de forma drástica, e de algum modo decisivo, os riscos ligados à redução gnóstica da mensagem cristã; riscos nada secundários que as gerações apostólicas e subapostólicas correram na história da Igreja.

Particularmente tocantes são as inscrições antigas encontradas nas catacumbas romanas e em outros lugares nos confins do império. Não deveriam ser desvalorizadas, pois são textos muito mais exigentes, nesse sentido, como é o caso dos Padres apostólicos. A propósito destes, deu-se maior espaço à Carta de Barnabé, pois há uma objetiva conexão entre ela e alguns textos importantes do Novo Testamento, em especial a Carta aos Hebreus.

III. Alguns apologistas cristãos

JUSTINO MÁRTIR E A PROFECIA BÍBLICA

> Eis a doutrina seguida religiosamente pelos cristãos: confessar Jesus Cristo, Filho de Deus, predito pelos profetas nos tempos antigos, juiz futuro do gênero humano, mensageiro de salvação [...]. Eu, pobre como sou, sinto-me muito fraco para poder falar dignamente de sua divindade infinita; dele posso falar que possui uma capacidade profética. Desde séculos, por inspiração do alto, os profetas anunciaram a chegada no mundo daquele que é chamado Filho de Deus (*Atos do martírio de São Justino, Caritão, Carito, Evelpisto, Iérace, Peão, Liberiano martirizados em Roma* 2,5-7, em *PG* 6,1568B).

Este supremo testemunho de fé dado por Justino[1] durante seu martírio pode ser considerado o ápice das indicações hermenêuticas por ele oferecidas. Jesus Cristo, o Filho de Deus, é aquele do qual falaram os profetas nos tempos antigos. A intuição de fé que leva a reconhecer em Jesus de Nazaré o Filho de Deus permite, portanto, legitima e autoriza, uma leitura cristológica daquilo que os profetas "anunciaram há muitos séculos por inspiração do alto".

A referência à expressão do símbolo dos apóstolos, *Spiritus qui locutus est per prophetas* ("do Espírito que falou por meio dos profetas"), autoriza a reconhecer a presença de uma "força profética" naqueles que possuem o dom de

---

[1] Sabe-se que Justino nasceu em Flávia Neápolis, atualmente Nablus, em Israel. Era descendente de colonos romanos que foram morar naquelas terras após a guerra que terminou em 70 d.C., com a destruição de Jerusalém. Estudou filosofia. Desconhece-se a data do seu nascimento. Talvez possa ter sido no último decênio do século I d.C. ou, quiçá, no primeiro decênio do II. Deve ter-se convertido ou antes ou durante a segunda guerra judaica contra os romanos na Palestina ou na Ásia Menor. Não se conhece a data exata da sua chegada a Roma (da qual se ausentava de tempos em tempos), nem o lugar exato dos seus diálogos com Trifão. Foi decapitado em Roma por ordem do prefeito Rústico em 165 (cf. C. Munier, em *SC* 507, 12-15). Segue-se aqui a edição de *SC* 507.

falar da "divindade infinita". Porém, não se podem esquecer alguns princípios: em primeiro lugar, o conhecimento que Justino possui das Escrituras hebraicas e o modo como as interpreta continuam a suscitar numerosas interrogações que não encontraram ainda hoje respostas suficientemente seguras;[2] e mais, "para Justino os evangelhos não são ainda *graphe* no sentido técnico do termo, mas são somente documentos dignos de fé relativos à vida de Cristo e da Igreja. Com efeito, para ele o texto evangélico, diferentemente do Antigo Testamento, cujo texto lhe parecia definitivamente estabelecido, permanecia ainda aberto".[3]

As apologias de Justino

A hermenêutica de Justino está solidamente baseada sobre o testemunho profético, que ele refere, indistintamente, quer se trate dos profetas de Israel, quer dos profetas da Igreja, quer, enfim, de todos aqueles que, embora parcialmente, são ou foram instrumentos do mesmo Logos divino. Daí se pode compreender o porquê do seu contínuo refletir sobre textos dos antigos profetas de Israel e sobre novos profetas da Igreja; mas também sobre as conquistas, mesmo parciais, da verdade, obtidas pelos sábios espalhados nas histórias dos povos.

Justino é um apaixonado pelos profetas, seja a que povo pertençam. Como sincero pesquisador da verdade, ele havia percorrido, com efeito, todos os caminhos das escolas filosóficas do seu tempo e que prometiam um encontro seguro com a verdade. Ele as tinha examinado com extrema simpatia, indicando as suas falhas e periculosidade, mas anotando também os aspectos positivos para valorizá-los.

Este método de pesquisa supõe que o Logos, extraordinariamente pródigo em lançar sua semente ao longo de toda a história de Israel e dos seus profetas, ainda que, e é a convicção de fé de Justino, se tenha manifestado de

---

[2] Cf. C. Munier, em *SC* 507, 76-77.
[3] Ibidem, 79. Isto explica por que Justino jamais se preocupou em citá-lo escrupulosamente *ad litteram*.

forma completa somente no Logos feito carne em Jesus de Nazaré, nascido da Virgem Maria.

Escrevia o futuro mártir na peroração final da sua Segunda *Apologia*:

> Confesso que todas as minhas orações e esforços têm por finalidade mostrar-me cristão. Não porque as doutrinas de Platão sejam alheias a Cristo, mas porque elas não são totalmente semelhantes, como também as dos outros filósofos, os estoicos, por exemplo, poetas e historiadores. De fato, cada um falou bem, vendo o que tinha afinidade com ele, pela parte que lhe coube do Verbo seminal divino. Todavia, é evidente que aqueles que em pontos muito fundamentais se contradisseram uns aos outros, não alcançaram uma ciência infalível, nem um conhecimento irrefutável. Portanto, tudo o que de bom foi dito por eles, pertence a nós, cristãos, porque nós adoramos e amamos, depois de Deus, o Verbo, que procede do mesmo Deus ingênito e inefável. Ele, por amor a nós, se tornou homem para partilhar de nossos sofrimentos e curá-los. Todos os escritores só puderam obscuramente ver a realidade graças à semente do Verbo neles ingênita. Com efeito, uma só coisa é o germe e a imitação de algo, que é feita conforme a capacidade; e outra, aquele mesmo do qual se participa e imita, conforme a graça que também dele procede (*Apologia* 2,13,2-5).

O apologista romano propugna também uma espécie de primogenitura e de fonte primária devida a Israel, em particular ao seu profeta Moisés, ao qual liga a sua fé cristã, afirmando: "Portanto, não somos nós que professamos doutrinas iguais aos demais, mas todos os outros imitam e repetem as nossas" (*Apologia* 1,60,10).

Buscando, pois, conseguir uma resposta para explicar seja a incapacidade dos pagãos, seja aquela, em particular, dos hebreus, de reconhecer a verdade revelada plenamente em Jesus de Nazaré, Justino estava convencido de encontrá-la na resposta misteriosa da cruz. Na realidade ele descobre que a cruz é um símbolo universal, presente em todas as manifestações da natureza e, contudo, incapaz de ser reconhecida justamente pela forma simbólica que ela assume em cada uma de suas manifestações.

Escreve o mártir romano:

> O mistério da cruz "não podia ser compreendido por eles, já que tudo o que havia sido dito a seu respeito era em forma de símbolo [...]. E isto, como dissera o Profeta, é o maior sinal da sua força e do seu poder, como demonstra também aquilo que cai sobre os nossos olhos. Considerai, com efeito, tudo aquilo que existe no símbolo: sem esta figura poder-se-ia, quiçá, construir-se e ter-se alguma conexão?" (*Apologia* 1,55,1-2).

Colocadas estas premissas, Justino sublinha a importância da autenticação da profecia, a qual, na sua opinião, acontece de duas formas diversas: a primeira através da prova, por assim dizer, histórica da sua autenticidade, isto é, quando aquilo que foi profetizado acontece realmente no curso sucessivo da história; segundo, através da prova da razão, que permite reconhecer a sua razoabilidade.

Charles Munier escreve em *SC* 507:

> Para Justino, a certeza da origem divina do cristianismo, a garantia da sua verdade, funda-se na prova dos fatos tangíveis inscritos na realização da história. Ele está firmemente convencido de que o cumprimento das profecias, proclamadas "cinco mil, três mil, dois mil, ou oitocentos anos" antes dos acontecimentos preanunciados, constitui uma prova tão irrefutável que convence necessariamente todos aqueles que reconhecem o caráter divino da religião cristã. Com efeito, não há acontecimentos históricos que tenham sido preanunciados de forma tão detalhada tantos séculos antes. Esta realidade significa que tais realidades pertencem a um preciso desígnio de Deus. Por isso mesmo não podem ser considerados como simples episódios erráticos, privados de significado" (n. 71).

Se, porém, é real que a história do presente, observada à luz das profecias, dá a estas últimas a patente indestrutível da verdade, deve ser igualmente verdadeiro que uma profecia proclamada em um passado mais ou menos longínquo deva ter, de qualquer forma, uma correspondência no hoje e que de algum modo corresponda ao hermeneuta evidenciar a sua realização manifestadora.

Os erros históricos de Justino (e, depois dele, de tantos outros escritores eclesiásticos e Padres da Igreja até à Idade Média), na interpretação da dupla tragédia dos anos 70 e 150 d.C. sofrida pelo povo judeu, encontra no critério

que se acabou de recordar (que Justino havia extraído da hermenêutica judaica contemporânea) a sua origem e justificação.

Escreve Charles Munier:

> Os mestres cristãos adaptavam às necessidades das suas comunidades os métodos exegéticos das escolas rabínicas contemporâneas. A descoberta dos manuscritos de Qumran colocaram em evidência a forma de comentário bíblico definido como *midrash pesher* [...]. Sabe-se que este particular método de interpretação consistia em ver nos acontecimentos contemporâneos ao intérprete, ou num passado recente, realidades previstas ou anunciadas por textos do Antigo Testamento. O modo como Justino interpreta a derrota de Bar Kochba, a devastação da Judeia e o rescrito de Adriano supõe incontestavelmente o uso deste método hermenêutico (*SC* 507,74-75).

A interpretação racional da verificação histórica

O argumento profético, provado por sua verificação histórica, devia ser confirmado, como já foi recordado, pela demonstração racional. O texto e a sua interpretação tinham de levar em consideração escrupulosamente também o critério que podemos tranquilamente definir racional, no sentido de que não podia deixar de corresponder à unicidade do Logos, que estava na origem de tudo, que ainda rege tudo e para quem tudo converge.

Argumenta Justino: "A reta razão chega a demonstrar que nem todas as opiniões e nem todas as doutrinas são boas, mas que umas são más e as outras são boas" (*Apologia* 2,9,4). Depois acrescenta: "Sócrates ensinou aos homens rejeitar os maus demônios, que cometeram abominações de que falam os poetas [...] ao mesmo tempo os exortava ao conhecimento de Deus, para eles desconhecido, por meio de investigação racional, dizendo: 'Não é fácil encontrar o Pai e artífice do universo, nem quando o tivermos encontrado, é seguro dizê-lo a todos' (Platão, Timeo 28C). Foi justamente o que o nosso Cristo fez por sua própria virtude" (*Apologia* 2,10,5-7).

A correspondência histórica entre a profecia do passado e fatos do presente e a sua racionalidade não são, portanto, suficientes em si. Porque, aquilo que não é fácil de ser encontrado nem é possível ser revelado a todos, é apanágio unicamente do poder de Cristo. Daí se deduz que a confirmação por excelência da autenticidade de uma proposta, qualquer que seja, da verdade, é dada pelo poder de Cristo. Porém, quando e onde opera o poder de Cristo? A resposta é imediata: na capacidade de testemunho em seu favor até à efusão de sangue.

No martírio recebido em nome de Cristo, Justino consegue de fato fundir *in unum* o critério cristológico (que consiste em referir a Cristo tudo aquilo que os profetas e os sábios disseram) e o critério eclesial (que se manifesta na capacidade de ser-lhe fiel até o ponto de dar-lhe gloriosamente a vida).

Escreve textualmente o mártir romano:

> A Cristo, que em parte foi conhecido por Sócrates – pois ele era e é o Verbo que está em tudo, e quem predisse o futuro através dos profetas e, feito de nossa natureza, por si mesmo[4] nos ensinou essas coisas –, cederam não só os filósofos e homens cultos, mas também artesãos e pessoas totalmente ignorantes, que souberam desprezar a opinião, o medo e a morte; porque ele é a virtude do Pai inefável e não construção da razão humana (*Apologia* 2,10,8).

Aos critérios centrados na correspondência entre fatos contemporâneos e profecia antiga e a razoabilidade de seus conteúdos, Justino acrescenta, pois, o duplo critério do reconhecimento de Cristo como cumprimento das Escrituras e do testemunho dos homens e do martírio por sua causa. Com efeito, lemos:

> Justamente nos livros dos Profetas encontramos vaticinado o nosso Jesus Cristo, a sua vinda, o seu nascimento de uma virgem, o seu fazer-se homem, o seu poder de curar qualquer enfermidade e doença, o poder de ressuscitar os mortos; encontramos ainda que seria odiado, ignorado e crucificado, que seria morto, ressuscitado e que subiria aos céus, que seria chamado Filho de Deus, e que alguns homes seriam enviados por ele para anunciar estas coisas a todo o gênero humano e que, enfim, acreditariam nele, preferentemente os pagãos" (*Apologia* 1,31,6-7), e também que a ele cederam "operários e pessoas absolutamente ignorantes, que quebraram os juízos dos outros, o medo e a morte" (*Apologia* 2,10,8).

---

[4]   Esta expressão já pode ser considerada um indício muito forte da igualdade de inspiração profética entre os profetas antigos e Jesus de Nazaré.

A plenitude do conhecimento de verdades extraordinárias e sublimes, que até filósofos de altíssimo nível, como Platão, não conseguiam compreender com precisão (cf. *Apologia* 2,10,1-3), na verdade, faz com que "sejam ouvidos e compreendidos por pessoas que nem mesmo conhecem os caracteres do alfabeto, ignorantes de linguagem, mas sábias e fiéis no coração, algumas mesmo doentes e cegas. Daí se conclui que isso tudo acontece não por sabedoria humana, mas pelo poder de Deus" (*Apologia* 1,60,11).

Este conjunto de critérios se revelou determinante. Com efeito, nos mesmos anos de Justino, a grande Igreja começava a enfrentar o assédio de escritos de toda espécie, buscando minar a sólida certeza da fé, colocando em dúvida elementos fundantes da vida e dos ensinamentos de Jesus e dos apóstolos.

A utilização dos mesmos critérios, unidos à decisiva referência à tradição apostólica, garantida pela sucessão dos bispos estabelecidos pelos apóstolos e pelos seus sucessores, estava conduzindo agora quer à definição dos livros "canônicos", quer à sua correta interpretação.

Porém, não se pode esquecer que o espaço por antonomásia da transmissão dessa sabedoria (que não vem dos homens, mas de Deus), era simplesmente o espaço litúrgico. O que se torna absolutamente evidente é o que escreve o mesmo Justino no final da sua primeira Apologia:

> No dia que se chama "do Sol", celebra-se uma reunião de todos os que moram nas cidades ou nos campos, e aí se leem, enquanto o tempo o permite, as memórias dos Apóstolos[5] ou os escritos dos Profetas. Quando o leitor termina, o presidente faz uma exortação e convida para imitarmos estes belos exemplos" (*Apologia* 1,67,3-4).

O verdadeiro Israel

As Apologias de Justino[6] podem ser consideradas, por tudo aquilo que acabamos de expor, um marco de pedra ao longo da estrada da hermenêutica

---

[5] Pouco antes havia especificado "que os Apóstolos, nas suas memórias chamadas evangelhos, passaram aos pósteros (*Apologia* 1,67,3-4).

[6] As últimas pesquisas críticas parecem obrigar a falar de uma só Apologia (*Munier*, in SC 507, 24).

cristã. O *Diálogo com Trifão*, outra obra dos escritos de Justino, que chegou até nós fundamentalmente íntegra, confirmará essa sua determinante importância.

Tal obra, com toda certeza fruto de um diálogo efetivamente acontecido, narra a conversa entre o filósofo palestinense-romano e um *rabi* hebreu. Justino polemiza com os seus contemporâneos hebreus, sobretudo, para defender sua convicção profunda de ter encontrado em Jesus, o Filho de Deus, aquele que fora esperado pelos profetas de Israel.

A preocupação primária de Justino nesta obra é provar, em favor da fé cristã, todos os textos dos *seis primeiros* livros da Bíblia, nos quais se possa, nem que seja por um esboço, intuir uma referência à vida de Cristo e aos seus mistérios. Esta obra é enriquecida (ou talvez se torne pesada) por uma verve polêmica que caracterizará toda a tradição cristã sucessiva.

Em todo caso, neste texto encontram-se amplos desenvolvimentos sistemáticos da exegese tipológica cristã que serão desenvolvidos, posteriormente, pelos escritores posteriores a Justino, graças também à canonização dos textos do Novo Testamento que esta mesma abordagem supunha, qualificando, destarte, de modo determinante a leitura cristã do Antigo Testamento.

Por exemplo, escreve Justino:

O mistério do Cordeiro, que Deus mandou imolar como Páscoa, era figura de Cristo-ungido (*Diálogo com Trifão* 40,1).
O fato de ser ordenado que aquele cordeiro fosse completamente assado era símbolo da paixão de cruz que Cristo devia sofrer. Com efeito, o cordeiro é assado em uma posição semelhante a uma cruz, porque um espeto reto é enfiado desde os pés até à cabeça e outro é colocado de um membro a outro, atravessando o dorso, e é preso nas patas do cordeiro" (*Diálogo com Trifão* 40,3). "A oferta da flor de farinha [...] era figura do pão da Eucaristia" (*Diálogo com Trifão* 41,1). "Todas as demais prescrições (leis) de Moisés [...] são figuras tanto do que tinha de acontecer a Cristo quanto daqueles que deveriam crer n'Ele, bem como, enfim, do que deveria acontecer por obra do próprio Cristo, símbolos e anúncios daquilo que se deveria realizar em Cristo" (*Diálogo com Trifão* 42,4).

A coleta dos *Testimonia* se torna, daqui para a frente, referência sistemática ao Antigo Testamento, relido tipologicamente e utilizado como uma espécie

de arma invencível nas decisões cada vez mais polêmicas entre os cristãos e os mestres hebreus. Deve-se reconhecer que também neste caso os cristãos, e Justino com eles, não fazem outra coisa senão confrontar-se com uma tradição bem consolidada em Israel; contudo, a perspectiva inicial agora é radicalmente diversa, já que os cristãos confirmam cada vez mais terem entrado, para todos os efeitos, na herança de Israel.[7] Brota daí o sutil sentimento de superioridade que acompanha todo e qualquer tipo de diálogo dos cristãos com os seus oponentes hebreus, mesmo com aqueles que tinham relações de amizade.

Assim, por exemplo, Justino pode se permitir ironizar o seu interlocutor:

Todos os vossos mestres têm dificuldade para vos explicar porque em (Gn 32,15) não se fale de camelos fêmeas ou porque se fale de tantas medidas de grãos nas oblações. As suas explicações são mesquinhas e terra a terra e, quando aparecem importantes e que deveriam ser estudadas, delas não sabem jamais tratar e muito menos explicá-las (*Diálogo com Trifão* 11,2-4).

Muitas vezes as conclusões que Justino faz com relação a todo o povo judaico eram francamente humilhantes e inaceitáveis por parte dele. Por sua vez, Justino não percebia o conjunto da fidelidade de Deus para com o seu povo eleito com a mesma dramaticidade com a qual sentira, por exemplo, o apóstolo Paulo. E certas palavras ou expressões, que no contexto intra-hebraico dos autores do Novo Testamento tinham determinado significado, assumiam exatamente outro sob sua pena polêmica.

O texto a seguir, verdadeiramente impressionante, é um exemplo disso:

Se, pois, Deus havia anunciado que estava para ser estabelecida uma nova aliança que devia ser luz para os povos, nós constatamos e cremos que, pelo nome de Cristo crucificado, nos dirigimos a Deus abandonando os ídolos e qualquer iniquidade e sustentamos até à morte a profissão e a observância da nossa fé, que pelas obras e poder que as acompanha é possível a todos compreender que esta é nova lei e a nova aliança e a espera daqueles que, de todos os povos, aguardam a manifestação da bondade divina.

---

[7] W. A. Shotwell, *The Biblical Exegetisis of Justin Martyr*, London 1965, 48-64.

> Nós somos, na verdade, o verdadeiro Israel, o espiritual, a estirpe de Judá, de Jacó, de Isaac e de Abraão, cuja fé, quando ainda não era circuncidado, tornou-se testemunho de Deus, e que foi abençoado, sendo chamado pai de muitos povos, de nós que fomos conduzidos até por meio deste Cristo que é o crucificado (*Diálogo com Trifão* 11,4-5).

O método é tomado da apologética judaica, mas o conteúdo é "ferozmente" antijudaico, sobretudo na "martelante" repetição: "Ele é a *nova* Lei, a nova *Aliança* [...] Nós somos o Israel *verdadeiro*".

A distinção entre o Israel *segundo a carne* e o Israel *segundo o espírito* não se limita apenas a Justino. Afirmar a superioridade da fé sobre as obras, como já o compreendia Paulo,[8] agora se estende até se tornar uma realidade histórica de tal modo "mundanizada" a ponto de pretender chegar a uma claríssima e consequente substituição da eleição de Israel pela nova realidade cristã. E deve-se constatar que as consequências de semelhante operação seguirão tragicamente, a seguir, por toda a história das relações entre a Igreja e o povo judaico.

A perspectiva "espiritual" da qual se olham, se leem e se interpretam as Escrituras hebraicas, nesta autocompreensão da Igreja, deixa entrever, na realidade, já com Justino, toda a força juvenil de um projeto novo que aguarda a chegada de um gênio (e o encontrará logo em Orígenes), para poder se manifestar em toda sua plenitude.

Embora ao tempo de Justino não apareçam ainda todos os ângulos que sua peculiar hermenêutica imporá ao magistério cristão, deve-se admitir, de alguma forma, que com ele já começam a delinear-se algumas notas fundamentais de uma particular abordagem exegética, que podem ser sintetizadas nos brevíssimos pontos a seguir:

1. A convicção de que a pessoa histórica de Jesus Cristo é a chave hermenêutica por excelência das Escrituras inspiradas;
2. A consequente necessidade de confessar Jesus Cristo como Mestre e Filho de Deus para poder aceder à compreensão das Sagradas Escrituras;

---

[8] Segundo os estudos mais recentes, não parece que Paulo possa ser colocado entre os inspiradores primários do pensamento de Justino. Cf. M. Marin, "Note introdutive sulla presenza di Paolo in *Dialogo con Trifone* di Giustino", in *Anuario di storia dell'esegesi* 3 (1986) 71-83.

3. A presença do dom do Espírito Santo reconhecida como condição indispensável para falar das coisas que dizem respeito à infinita divindade;
4. Uma pesquisa particular das Escrituras voltada para individuar nelas os *typoi* do mistério tornado presente no acontecimento e na pessoa de Jesus de Nazaré;
5. A Bíblia é profecia de Cristo e da Igreja;
6. A dependência da hermenêutica cristã dos métodos conhecidos e aplicados pelas tradições e pelos ensinamentos dos *rabis* hebreus;
7. A convicção de que o verdadeiro Israel não deva mais ser procurado no povo judeu, e sim na Igreja;
8. O espaço por excelência no qual essas convicções são explicadas e transmitidas à nova realidade, constituída pela Igreja, é o litúrgico.

O Diálogo com Trifão

Esta obra, ambientada em Roma após ou durante a segunda catástrofe judaica, como consequência da derrota sofrida pelos judeus sob o imperador Adriano em 135,[9] acrescenta, ao que já foi afirmado nas *Apologias* (ou *Apologia*), aplicações e enriquecimentos, quer de conteúdo, quer de método, que encontramos numa espécie de síntese implícita realizada pelo mesmo Justino na narração da sua conversão, devida a um diálogo realizado às margens do mar com um misterioso "ancião de muitos anos, de bela aparência, de aspecto manso e venerando" (*Diálogo com Trifão* 3,1).

> "Há muito tempo – Justino escuta o ancião falar –, antes de todos estes que são considerados filósofos, viveram homens beatos, justos e que agradaram a Deus, que falavam inspirados pelo espírito divino e que prediziam as coisas divinas que aconteceram. São chamados profetas, e são os únicos que viram a verdade e a anunciaram às pessoas sem temer e sem levar em conta ninguém, nem se deixar discriminar pela ambição. Mas proclamando somente aquilo que, cheios do Espírito, tinham visto e ouvido.
> Os *seus escritos* chegaram até nós e *quem os lê acreditando* recebe suma alegria, quer a respeito da doutrina dos princípios, quer sobre tudo aquilo que o filósofo

---
[9] Cf. *Diálogo com Trifão*, Preâmbulo 3; cf. também 9,3; 16,2; 17,3; 110,6.

deve saber. Estes, com efeito, não apresentaram os seus argumentos de modo demonstrativo, enquanto prestam à verdade *um testemunho digno de fé* e superior a toda e qualquer demonstração, e *os acontecimentos passados e presentes obrigam a construir tudo aquilo que foi dito* por eles.

Estes, além disso, se demonstraram *dignos de fé em razão dos prodígios* que realizaram, e isto porque glorificaram Deus Pai criador de todas as coisas, quer anunciaram o seu Filho, o Cristo por Ele enviado, *coisa que os falsos profetas, cheios do espírito impuro e enganador*, não fizeram, nem fazem, antes tendo realizado prodígios para enganar as pessoas, dando glória aos espíritos do mau e os demônios pelo erro.

Antes, reza para que, antes de tudo, *se abram para ti as portas da luz*. Trata-se, com efeito, de coisas que nem todos podem ver, mas somente aqueles que creem em Deus e no seu Cristo."

Após ter dito estas coisas, que não é aqui o momento oportuno de narrar, *aquele velho foi-se*, deixando a exortação de não deixar-se cair, e desde então eu não o vi mais. Quanto a mim, *um fogo ateou-se no meu ânimo*, na hora, e me encheu de amor pelos profetas e por aqueles que são amigos de Cristo.

Considerando comigo mesmo suas palavras, achei que esta era a única filosofia certa e profícua. Dessa forma e *por estas razões*, eu sou um filósofo e desejaria e gostaria que todos assumissem esta minha resolução e jamais se afastassem das *palavras do Salvador*. Com efeito, elas incutem certo temor e são suficientes para confundir aquelas pessoas que se desviam do reto caminho, *enquanto uma dulcíssima paz inunda as pessoas que a colocam em prática* (Diálogo com Trifão 7,1-8,2).

Nesta narração encontramos alguns critérios já especificados nas *Apologias*, mas encontramos também exigências novas que possam individuar e elencar as mesmas palavras do filósofo palestinense. Ei-las:

1. A linguagem profética autêntica não se propõe de forma demonstrativa, mas com a característica do testemunho.
2. Trata-se de um testemunho "digno de fé".
3. A demonstração da autoridade/capacidade de exigir do testemunho é dada pelos prodígios que os falsos profetas não conseguem fazer, pois estão possuídos por um espírito impuro e enganador.
4. A condição indispensável para aceder à verdade e tornar-se desta uma testemunha digna de credibilidade é ter um espírito puro, transparente e simples, isto é, isento de enganos.

5. Nas profecias se trata, enfim, de coisas que nem todos podem ver e compreender, mas somente aqueles aos quais foi dado por Deus e Jesus Cristo.
6. O mediador que convida a ler os profetas não possui interesses proselitistas. "Aquele ancião foi-se embora. Desde então não o vi mais."
7. A autenticidade do serviço prestado é dada: a) pelo novo fogo que aquele serviço hermenêutico criou no interlocutor; aquele fogo se espalhou num instante em meu ânimo; b) pelo amor pelos profetas e pelos amigos de Cristo, evidentemente equiparados aos profetas; c) pela serena convicção de ter-se encontrado com a "única filosofia certa e profícua";
8. Fruto de tudo isto é o desejo de que "todos assumissem a minha mesma resolução e jamais se afastassem das *palavras do Salvador*".

O serviço próprio do ancião na Igreja

Não é muito difícil descobrir na descrição do encontro de Justino com o misterioso ancião um eco da experiência dos discípulos de Emaús, relembrada por Lc 24,32: "Não nos ardia o coração dentro do peito quando nos explicava as Escrituras ao longo do caminho?". De outra parte, se a identidade do ancião permanece de alguma forma misteriosa, pode-se perguntar legitimamente se não existe também em Justino a intenção de sugerir ao leitor que o misterioso personagem possa ser o mesmo Logos, sempre presente, ainda que de modo velado e misterioso, na comunidade da Igreja.

Não obstante, pois, continue de pé a hipótese de que se trate de uma narração influenciada por precisos *topoi* inerentes ao gênero literário, é um dado de fato que os elementos que se deduzem de semelhante narração são essencialmente interessantes. Talvez possamos concluir que não estamos somente diante de um eco de Lc 24, mas também da repetição de outra grande experiência narrada repetidamente na comunidade primitiva: a conversão de Paulo, que, no caminho de Damasco, foi convidado a alcançar a comunidade dos discípulos, na qual encontrará um ancião que estará em condição de explicar-lhe o sentido de tudo que lhe aconteceu ao longo do caminho (cf. At 9,1-22; 22,3-21; 26,9-20).

É impressionante constatar que o mesmo zelo que Paulo havia colocado na procura da verdade na Lei, Justino o colocou ao procurá-la nas filosofias gregas. E também o mesmo tipo de generosidade demonstrada por Paulo pode ser reencontrado nos mártires, que dão com bastante serenidade o seu testemunho a Cristo, permanecendo fiéis a ele, a ponto de sofrer por ele uma morte violenta.

Em todos os casos apresentados, chegou-se à mesma conclusão: o desejo de anunciar ao mundo inteiro, com o pleno envolvimento da própria vida, a identidade de Jesus de Nazaré: "Ele é o Cristo, o Filho de Deus" (At 9,20-22).

A base da dupla referência de Lucas, a do Evangelho e a dos Atos, tornada presente pelo testemunho dos mártires, poderá sair ainda da pena dos mártires. Isto não afasta que a característica de Justino possa ter sido, sobretudo, a de querer sublinhar a natureza gratuita do conhecimento da verdade.

Tudo isto se deduz, sobretudo, de palavras como as seguintes, que concluem o misterioso encontro com o ancião: "Reza, pois, para que, antes de tudo, sejam abertas para ti as portas da luz; trata-se, com efeito, de coisas que nem todos podem ver e compreender, mas somente àqueles aos quais foi concedido pelo seu Deus e o seu Cristo" (*Diálogo com Trifão* 7,3).

O duplo reconhecimento de Jesus como Filho de Deus e como Messias será possível somente se se acolher, com plena liberdade, o conteúdo da fé cristã.

Como consequência deste dom de sabedoria que permite reconhecer, com todo o seu ser, em Jesus de Nazaré, o Filho de Deus (este é o Filho de Deus) e o Messias (Ele é o Cristo), Justino sente a obrigação de defender, diante de todos os seus pares, a mesma convicção, polemizando com todos os seus interlocutores, sejam eles filósofos pagãos ou religiosos, sejam mestres judeus.

O manuductio da Igreja

Como as profecias históricas de Jesus se estendem sobre a vida da Igreja, Justino deixa supor que também esta última seja enriquecida, em cada um dos seus membros, pela mesma carga testemunhal que converte ao Senhor os corações dos simples.

A Igreja, na sua vida e na experiência de fé dos seus membros, torna-se, neste ponto, não somente presença do ancião que oferece a chave hermenêutica para a compreensão do mistério de Cristo (preanunciado pelas profecias conhecidas pelas Escrituras santas), mas também reproposta personalizada dos antigos profetas.

A exegese realizada através da vida é eficaz a ponto de todas as pessoas poderem compreender que Cristo é a nova Lei, ele é a nova Aliança (cf. *Diálogo com Trifão* 11,4-5). Não se trata, portanto, de forma nenhuma, de comparação da história com a história, realizada no simples plano horizontal, mas de verdadeira e própria penetração do texto entendido (ou, melhor ainda, compreendido) com uma adesão do coração, tão generosa e íntima, a ponto de comportar a plena disponibilidade da vida até à morte.

A afirmação final do trecho "nós somos o verdadeiro Israel, o espiritual" (*Diálogo com Trifão* 11,5), que se repetirá daqui para frente como um programa universal em toda a tradição dos Padres, não pode ser entendida, portanto, como simples declaração substitutiva, mas também como demonstração de que os cristãos aderiram à Lei da nova aliança não simplesmente de modo formal, mas com o envolvimento do coração.

Em todo caso, Justino parece ter-nos ensinado que uma exegese "espiritual", que não pode ser reconduzida simplesmente à exegese tipológica, comporta uma compreensão particular da mensagem da Lei e dos Profetas que envolve a vida e a enche de tal generosidade a ponto de colocar a pessoa crente em condições de demonstrar a sua plena compreensão de aceitação do martírio.

Ainda que uma exegese tipológica pudesse ser realizada somente por um esclarecimento do texto, que poderíamos até definir de "escola", devido à passagem entre a profecia do passado e a realização do presente, constatado no plano horizontal da história, a exegese espiritual não poderia, de modo algum, subsistir sem a particular compreensão do texto, que se destaca no testemunho da vida e que somente uma fé na qual estão envolvidos mente e coração pode demonstrar.

Seria necessário ter presente este princípio, paradoxalmente, mesmo quando a maturidade espiritual do exegeta cristão faltasse. Um exemplo concreto de correspondência entre imaturidade espiritual e exegese errônea de fatos e personagens internos à história de Israel visto do reverso (negativo) da medalha, o encontramos naquilo que o mesmo Justino declara ao seu interlocutor Trifão, quando escreve:

> Por nenhuma outra coisa vós judeus sois reconhecidos senão pela circuncisão da carne. Penso que nenhum de vós ousará negar que Deus previa e prevê os acontecimentos futuros e que prepara antecipadamente a cada um aquilo que merece; *quanto, pois, ao que vos aconteceu é justo e merecido. Com efeito, matastes o justo* e antes dele os seus profetas, e agora insidiais as pessoas que nele esperam e naquele que ele enviou, o Deus onipotente-criador de todas as coisas; e *por quanto podeis os ultrajar, maldizendo-o nas vossas sinagogas aqueles que creem no Cristo*. Não tendes, com efeito, a autoridade para nos matar, por causa daqueles que atualmente vos dominam; porém, cada vez que tivestes esta possibilidade, o houvestes feito. Por isso Deus grita tais palavras por meio de Isaías: "Perece o justo, e não há quem se importe com isso; os homens compassivos são arrebatados, e não há ninguém que entenda. Pois o justo é arrebatado da calamidade, entra em paz; descansam nas suas camas todos os que andam na retidão. Mas chegai-vos aqui, vós os filhos da agoureira, linhagem do adúltero e da prostituta. De quem fazeis escárnio? Contra quem escancarais a boca, e deitais para fora a língua?" (Is 57,1-4) (*Diálogo com Trifão* 16,3-5).
>
> As outras nações não se obstinam tanto quanto vós nesta atitude injusta em nossos confrontos e nos de Cristo. Vós sois responsáveis dos preconceitos que eles alimentam contra o justo e contra nós que somos seus herdeiros. De fato o houvestes crucificado. Ele, o único homem irrepreensível e justo graças ao qual são curadas as pessoas que por meio dele se aproximam do Pai (*Diálogo com Trifão* 17,1).
>
> Tomastes homens em Jerusalém e os enviastes por toda a terra para dizer que tinha aparecido uma seita errática e ímpia dos cristãos e a recitar a lista das acusações que agora todas as pessoas repetem contra nós, embora não nos conheçam, de modo que sois responsáveis de um ato de injustiça não somente pelo que diz respeito a vós mesmos, mas também nos confrontos de todas as demais pessoas. Com razão Isaías dizia a vosso respeito: "Por vossa causa o meu nome é blasfemado entre todas as pessoas" (Is 52,5) (*Diálogo com Trifão* 17,1-2).

A contextualização[10] pode, certamente, dar razão da violência inserida nas terríveis recusas de Justino, tiradas do texto do Novo Testamento (cf. Tg 5,6), mas não justifica da parte de ninguém, nem mesmo dos autores do Novo Testamento, a pretensão de responder a violência com a violência. Com efeito, independentemente de como se queira interpretar a chamada *Dodicesima petizione*, ela revela a presença de uma violência não somente exercitada, mas também sofrida, a qual poderia ser, então, verbal, na medida em que não havia sequer a possibilidade concreta de fazer o contrário, ou física, ao menos nas ocasiões nas quais fosse possível, de uma ou de outra parte, pouco importa. Vale, ao contrário, para todos, cristãos ou judeus, que a violência permanece, em todos os casos, sinal evidente de imaturidade da fé.

A não ser que esteja plenamente consciente de tal imaturidade, qualquer pessoa é capaz, ainda que parta da violência verbal, de desembocar com facilidade na física, que é gravemente letal. Pode-se, com efeito, abster-se dela desde o princípio. Porém, como nos documenta amplamente a história, isto, infelizmente, não aconteceu nas relações entre judeus e cristãos, nem até hoje.

Falta de uma perspectiva hermenêutica adequada na leitura da revelação bíblica?

É verdade que, mais uma vez, a pretensão de verificação muito apressada do cumprimento da profecia na história, lida em sua horizontalidade pura, embora com maior ou menor auxílio da interpretação tipológica, revela-se absolutamente inadequada.

Sem uma autêntica interpretação "espiritual", entendida como correspondência entre conversão autêntica do coração e compreensão autêntica das Escrituras inspiradas, não parece que se possa evitar, verdadeiramente, o risco de

---

[10] O contexto histórico no qual Justino escreve é certamente aquele do qual temos documentação na *Birkat ha Minim*, conhecida como "Décima segunda petição", introduzida na liturgia sinagogal pouco antes dos anos 50 d.C. Esta recita: "para os reintegrados não trazia esperança e possa tu em breve despender os dias de violência dos nossos dias. E os nazarenos e os eréticos são vencidos repentinamente. Sejam cancelados do livro da vida e não sejam inseridos entre os vivos. Bendito és tu, Adonai, que humilhas os violentos" (cf. W. Horbury, The benediction of the Minim and the Early Jewish-Christian Controversy, *The Journal of theological Studies* 33 (1982) 19-61). Justino, em *Apologia* 1,31,6-7, faz saber também que durante a revolta dos judeus contra os romanos, no tempo do Imperador Adriano, Bar Kochba "ordenava que fossem condenados a cruéis suplícios somente os cristãos que não renegavam e não blasfemavam contra Cristo". Visonà (*Diálogo com Trifão* 124, nota 6) avisa, porém, que se deve observar com atenção a veracidade de semelhantes afirmações, quando feitas pelos cristãos contra os judeus.

submeter o texto "inspirado" às verificações "chamadas" históricas ou, melhor ainda, "historicistas" de um exegeta ou de algum leitor.

Observações

Toda a Igreja, a partir da geração de Justino, colocar-se-á na mesma estrada da exegese, quer "tipológica", quer "espiritual", que esperará apenas pela presença de um gênio, como Orígenes, para poder se manifestar em todo o seu vigor.

A Igreja está convencida, por outro lado, de não ser somente mestra, mas também interpretação atual das Escrituras santas. Ela acredita, com efeito, que tudo aquilo que foi dito pelos profetas, embora já realizado na pessoa individual e histórica de Jesus de Nazaré, continua a completar-se até o fim do mundo no seu misterioso corpo que é a Igreja.

Há, porém, uma condição indispensável: acreditar que exista uma gradualidade no acesso da compreensão da Escritura inspirada que é diretamente proporcional ao crescimento ou à maturidade da fé.

Muito cedo o mestre Orígenes teria ensinado que nem todos aprendem do mesmo modo, mas uma é a compreensão dos *principiantes*, outra a dos *proficientes* e outra ainda a dos *perfeitos* no caminho comum da fé.

Esta precisa convicção permite concluir que, com a hermenêutica das Escrituras bíblicas de Justino mártir, não se está somente diante de uma exegese "tipológica", entendida como comparação entre acontecimentos e fatos históricos do passado que se repetem nos tempos históricos da Igreja e do mundo, mas se está também diante de uma verdadeira e própria exegese "espiritual", na qual a adesão do crente em Cristo manifesta ao mundo as profundidades absolutamente insondáveis que pode conseguir uma pessoal profecia bíblica, realizada em comunhão com Cristo e com a sua Igreja.

Podemos concluir que, se é real que os cristãos, a partir de Justino, jamais ficaram satisfeitos de estar simplesmente em "continuidade histórica" com o povo de Israel, é mais verdade ainda que eles têm consciência de estar em continuidade "espiritual" com aquele mesmo "Israel" do qual tinham sempre falado os seus profetas. Que tudo isto tenha sido falsificado a ponto de se utilizar uma linguagem ambígua e francamente incompreensível para um judeu, principalmente quando se pretendeu, por parte dos cristãos, falar de verdadeira e própria substituição na eleição, desejada totalmente por graça do insondável projeto de Deus, é um dado que, de fato, somente após muitíssimos séculos foi possível à Igreja reconsiderar e remover.

MELITÃO DE SARDES

Uma teologia da substituição?

Os escritos de São Justino mártir nos fizeram perceber o risco implícito na sua linguagem de considerar obsoletos Israel e a sua história após o esclarecimento, considerado lógico e determinante, sobre o que se chama *verdadeiro Israel* ou *Israel espiritual*. Contemporaneamente, à reflexão hermenêutica de Justino, difundiam-se, porém, a propósito da mesma problemática, convicções e propostas assaz mais explícitas e, se possível, mais radicais, na linha explicativa, que via a Igreja como única e absoluta herdeira da inteira tradição de Israel.

Uma testemunha significativa desta perspectiva hermenêutica cristã das origens é certamente Melitão de Sardes.[11]

Raniero Cantalamessa, ponto de partida de outros estudos sobre Melitão de Sardes,[12] já havia exposto amplamente algumas conclusões sobre a catequese batismal cristã do século II e sua convicção acerca da paternidade melitoniana da *Homilia* de um *quartodecimano* anônimo. Além da atribuição do texto

---

[11] De Melitão temos poucas e escassas notícias históricas. Escreveram sobre ele: Eusébio de Cesareia (*História da Igreja* 4,26,1-13) e Jerônimo (*De viris illustribus* 45). Melitão viveu e agiu sob o Imperador Marco Aurélio, que reinou entre 161 e 180. Morreu exatamente antes de 190. Parece que o chamavam de eunuco, porque "viveu totalmente no Espírito Santo" (cf. *História da Igreja* 5,24,2), isto é, Melitão escolheu ser totalmente casto por causa do Reino dos Céus. Por muitos foi considerado também um profeta (cf. O. Perler, in SC 123,8, nota 1). Eusébio atribui-lhe grande quantidade de obras de apologética, de doutrina teológica e exegese bíblica. Destas obras, somente algumas chegaram até nós, entre elas duas homilias *Sobre a Santa Páscoa* e vários fragmentos (cf. Cantalamessa, *I più antichi testi pasquali*). A homilia *quatordicésima* atribuída por Cantalamessa a Melitão foi editada por P. Nautin em SC 27. Em *Clavis Scripturae*, a paternidade do texto é colocada em discussão.

[12] Por exemplo: R. Cantalamessa, *La Pasqua della nostra salvezza. Le traduzioni pasquali della Bibbia e della primitiva Chiesa*, Marietti [ed.] 1971; *L'homelia sulla s. Pasqua dello Pseudo Ippolito di Roma. Ricerche sulla teologia dell'Asia Minore nella seconda metà del II secolo*. Vita e Pensiero, Milano 1967.

a Melitão, permanece significativo tudo aquilo que esta particular *Homilia sobre a Santa Páscoa* revela sobre a teologia expressa pelos autores desse período, a propósito não somente da Páscoa cristã mas também das consequências concretas que tais autores traziam para as relações internas e externas à vida da Igreja.

Para o que nos interessa, nos deteremos a princípio na *Homilia sobre a Santa Páscoa*, de Melitão, a fim de evidenciar-lhe, tanto quanto possível, o método exegético, acompanhado de observações críticas sobre consequências a ele eventualmente ligadas.

A Homilia sobre a Santa Páscoa

A edição de Cantalamessa divide a obra em duas partes, introduzidas por um exórdio e concluídas por um epílogo, constando de 105 parágrafos.[13]

A primeira parte é apresentada por Cantalamessa sob o título: *A Páscoa judaica, ou seja, as figuras da realidade*; a segunda está assim introduzida: *A Páscoa cristã: a realidade das figuras*.

No exórdio, Melitão recorda o trecho do Êxodo, apenas declamado e explicado durante a assembleia litúrgica. A este texto ele declara querer acrescentar algumas reflexões ulteriores, a fim de torná-lo mais compreensível.

Por isso explica:

2. "Ora, diletíssimos, deveis compreender como novo e antigo,
eterno e temporâneo.
realidade perecível e imperecível
mortal e imortal
é o mistério da Páscoa".

Após outras referências, assaz redundantes, de *ars retorica*, o autor acrescenta:

---

[13] Cf. Cantalamessa, *I più antichi testi pasquali* 25-51. Os textos são citados seguindo a tradução de Cantalamessa, mas fazendo um sistemático confronto com o original grego publicado em *SC* 123,60-127.

3. Antiga com efeito, é a Lei,
Novo, ao contrário, é o Verbo;
temporânea a figura;
eterna a graça;
corruptível a ovelha,
incorruptível o Senhor;
não quebrado como o cordeiro,
ressuscitado como Deus".

Conceitos que lhe permitem explicar:

7. "A Lei, com efeito, se tornou Verbo
e o antigo, novo
movendo ambos de Sião e de Jerusalém;
e o mandamento, graça
e a figura, realidade
e o cordeiro, Filho
e a ovelha, homem
e o homem, Deus".

A primeira parte se prolonga sobre o "mistério da Páscoa, como é descrito na Lei e como foi proclamado agora" (11), com uma acentuação muito dramática da matança dos primogênitos egípcios.

O trecho conclui-se com a chamada ao "espetáculo horrendo de se ver! Mães egípcias com as cabeleiras desgrenhadas, pais, chocados, emitiam terríveis gritos em língua egípcia: 'Nós somos infelizes, pois fomos improvisamente privados de nossos herdeiros primogênitos!' E, nesse meio tempo, batiam no peito e com as mãos rufavam os instrumentos de percussão em uma dança fúnebre" (29).

Tudo isso é seguido por um outro espetáculo radicalmente diverso: o de Israel, que, "entrementes, tinha sido salvo da imolação das ovelhas, e todo ele batizado pelo sangue derramado", porque "a morte das ovelhas revelou-se como um baluarte para o povo" (30), o que permite a Melitão concluir com a seguinte pergunta fundamental:

32. "Responde-me, ó anjo (exterminador), o que se deve fazer para te incutir temor:
a morte da ovelha
ou a vida do Senhor?
A morte da ovelha
ou a figura do Senhor?
O sangue da ovelha
ou o Espírito do Senhor?"

Esta série de interrogações lhe permitem formular algumas respostas articuladas, precedidas de introduções retóricas e conclusivas com aquilo que se poderia definir o verdadeiro e próprio núcleo da proposta hermenêutica de Melitão.

Assim, o bispo de Sardi faz um discurso ideal para o povo de Israel:

33. "É claro o que te causou pavor: tu viste o mistério do Senhor
que se realizou nas ovelhas;
a vida do Senhor na imolação das ovelhas,
a figura do Senhor na morte das ovelhas,
E por isto não feriste Israel,
mas te limitaste a privar o Egito dos seus filhos".

34. "Qual novo mistério é este?
O Egito ferido até à destruição,
Israel, ao contrário, preservado para a salvação!".

Daí declara com solenidade:

34. "Escutai em que consiste a eficácia do mistério.

35. O que foi narrado e o que aconteceu, ó caríssimos, não têm nenhum significado, se não for visto como parábola e prefiguração. Tudo quanto acontece e quanto é proferido faz parte de uma parábola:
parábola é a palavra;
prefiguração é o evento;
assim como o evento – que se faz conhecido por meio da prefiguração –,
também a palavra se torna clara por meio da parábola."

36. Isto é o que acontece no caso de *um projeto* preliminar. Isto não nasce como obra (definitiva), mas em vista daquilo que, mediante a imagem que constitui a figura, deve se tornar manifesto.
Por isso, da obra a ser realizada faz-se um modelo de cera, de argila ou de barro, a fim de que, aquilo que está para aparecer majestoso em dimensões, forte em resistência, belo de forma, espalhafatoso pelos ornamentos, possa ser visto *através de minúsculo esboço*.

37. Mas, uma vez realizado aquilo ao qual tendia o modelo, então o que era figura da coisa futura *torna-se inútil, é destruído*, tendo transmitido a sua imagem à realidade que subsiste. Então, aquilo que antes era precioso torna-se insignificante, ao aparecer o que é verdadeiramente precioso.

38. Existe, com efeito, um tempo apropriado para cada coisa (cf. Eclo 3,1):
um tempo próprio para a figura
e um tempo próprio para a realidade.
A pessoa faz um modelo em vista de uma realização. Isto se torna desejado porque nele relembra a imagem daquilo que se está para realizar. Conseguiu-se o material para fazer o modelo e o constrói para isto que está para vir à luz. Então executa a obra: só esta permanece no coração; somente esta tu amas, porque somente nesta vês a figura, a substância e a realidade.

39. Como acontece no caso de exemplares corruptíveis, assim também é no caso (daqueles) incorruptíveis;
tanto com aqueles que são terrenos
como também com os celestes.
Com efeito, a salvação e a verdade do Senhor foram prefiguradas no povo (eleito) e os preceitos do Evangelho foram preanunciados pela Lei.

40. O povo (eleito) foi, pois, como o esboço de um plano e a Lei, uma parábola escrita. Mas o Evangelho é a explicação da Lei e também o seu cumprimento.
A Igreja é o receptáculo da verdade.

41. A figura tinha, pois, valor antes da realização, e a parábola era maravilhosa antes da sua interpretação.
Em outras palavras: o povo tinha valor antes que surgisse a Igreja e a Lei era maravilhosa antes que brilhasse o Evangelho.

42. Mas desde que nasceu a Igreja
e foi promulgado o Evangelho,
a figura foi esvaziada
e transmitiu sua eficácia à verdade.

Dessa forma, de fato, o modelo torna-se inútil, uma vez que transmitiu a imagem daquilo que é a verdade por essência e de tal maneira que a parábola encerra sua tarefa, uma vez tornada clara pela interpretação.

43. Assim também a Lei chega à realização
ao aparecer à luz do Evangelho,
e o povo foi esvaziado
uma vez fundada a Igreja,
e *a figura é abolida*
quando o Senhor se manifestou.
O que antes era precioso, não tem hoje nenhum valor,
porque apareceu o que era verdadeiramente precioso".

A justificação lexical desta claríssima teologia substitutiva está toda voltada à aproximação do substantivo "páscoa" ao verbo grego *paschein*, que em grego significa propriamente "sofrer".

A aproximação faz com que Melitão crie uma síntese particular da história da salvação, que lhe permite: de um lado, evidenciar a tragédia do pecado devido à culpa de Adão, que arrasta consigo toda a humanidade; e, de outro, decantar o dom da salvação. Daqui brota a proposta da fé cristã entendida como uma resposta consoladora ao ingente sofrimento que avança no mundo e que permite reconhecer em Jesus a "Páscoa da nossa salvação", prefigurada em muitas formas ao longo da história narrada do Antigo Testamento.

Declara, por isso, Melitão:

69. "Ele é a Páscoa da nossa salvação.
Ele é quem muito suportou no lugar de muitos.
Ele é quem foi morto na pessoa de Abel,
amarrado em Isaac,
vendido em José,
exposto em Moisés,
imolado no Cordeiro,
perseguido em Davi,
ofendido nos profetas."

70. "Ele é quem
se encarnou na Virgem;
foi suspenso no lenho,

foi sepultado na terra,
ressuscitou dos mortos,
foi elevado às alturas dos céus."

Uma solene confissão de fé à qual fazem contraponto verdadeiras e próprias invectivas nos confrontos de Israel e que se concluem com declarações gravíssimas, tais como:

79. "Mataste o teu Senhor durante a grande festa".

93. "Mataste o teu Senhor no meio de Jerusalém".

94. "No centro da praça e da cidade, em pleno dia e à vista de todos, aconteceu a morte injusta do Justo".

96. "Deus foi assassinado. O rei de Israel foi rejeitado pela mão direita de Israel!".

O "delito horrendo" e a "injustiça inaudita" (cf. 97) abrem a estrada da condenação final, executada pelos acontecimentos históricos que ainda brilham diante dos olhos de todos aqueles que viram e ouviram a tragédia consumada com a conquista e a destruição de Jerusalém e do seu templo por parte dos romanos.

Observações

Sem dúvida, hoje estamos mais bem aparelhados teologicamente para entender que a separação da Igreja da sinagoga não envolvia necessariamente uma substituição do povo eleito, quando muito um distanciamento. Melitão e seus contemporâneos cristãos, ao contrário, talvez em parte como resultado de um mal-entendido do pensamento de Paulo a este respeito, não eram maioria.

Este simples fato, se de um lado permite medir a distância enorme que separa a exegese moderna da exegese do bispo de Sardes, de outro lado fornece também a perspectiva justa para observar a sua exegese "espiritual", estando bem atentos a discernir aquilo que nela pertence à autêntica compreensão "espiritual" do texto bíblico e aquilo que, ao contrário, faz parte do mal-entendido

do projeto único de Deus de acolher e respeitar com o mesmo temor e tremor com o qual o aceitava Paulo nas suas profundíssimas reflexões de Rm 9-11.

No texto de Melitão, que citamos amplamente, conseguimos evidenciar, com uma referência precisa ao texto grego, somente as partes mais significativas das quais emerge seja a convicção que se tenha passado do modelo ao projeto, seja da inevitável condenação de Israel, acusado claramente de deicídio, com a consequente interpretação da tragédia sofrida por Israel (com a destruição de Jerusalém e do seu templo por parte dos Romanos), entendida como manifestação da ira de Deus, pelo fato de ter matado o Senhor.

Aos olhos de Melitão, Israel se encontra de fato sem defensores. E não é só isso: a sua condenação assume todas as conotações de uma pena escatológica definitiva.

IRENEU DE LYON

Um teólogo importante

Um autor que não pode, de forma nenhuma, ser deixado de lado, passando à geração imediatamente sucessiva à de Justino mártir e de Melitão de Sardes, é Ireneu de Lyon,[14] considerado o mais importante dos teólogos do século II.[15]

De Ireneu se podem ler, substancialmente, duas obras: uma é o *Contra as heresias*, em cinco livros. Destes, chegaram ao presente somente amplos fragmentos em grego (língua na qual a obra foi originariamente escrita) e uma tradução integral em latim, realizada entre os séculos III e V, enquanto

---

[14] Talvez originário de Esmirna, na Ásia Menor, onde diz ter conhecido, durante a primeira juventude, o bispo Policarpo. Policarpo fora discípulo de São João e outros que tinham conhecido o Senhor (Quasten, *Patrologia* 255; cf. Eusébio de Cesareia, *História da Igreja* 5,20,4). "Não conhecemos com precisão o tempo e a data de nascimento de Ireneu. A primeira notícia relativa à sua vida é a que nos chega por uma carta do mesmo Ireneu endereçada ao seu companheiro Florino, que se tornara herege. A carta informa, de fato, que Ireneu e Florino tinham ouvido, quando jovens, a pregação de Policarpo de Esmirna. Desta notícia, deduziu-se que Ireneu pudesse ser originário daquela cidade ou, ao menos, de origem asiática. Alguns pensam que se possa datar seu nascimento entre os anos 130 e 135; outros situam esta data perto dos anos 115 e, ainda outros, entre os anos 140 e 160 (A. Cosentino, Introduzione a Ireneu de Lione, *Contro le eresie. Smascheramento e confutazione della falsa gnose*, vol. I, Città Nuova, Roma 2009, 5). Certamente ele esteve em Roma, por certo período de tempo, antes de se estabelecer em Lyon, na Gália. Dele se recorda um intercâmbio epistolar com o Papa Vítor (189-198) sobre o argumento da celebração da Páscoa. Uma tradição tardia (V século) afirma que ele morreu martirizado pelas mãos dos hereges. Contudo, trata-se de uma tradição totalmente incerta, talvez fruto de interpolação. Certamente sua morte deva ser colocada depois de 200, quando estaria com mais de 70 anos (Cosentino, *o.c.* 7-8).

[15] Quasten, *Patrologia* 255.

o quarto e o quinto livros são conhecidos também na tradução armênia e fragmentariamente em tradução siríaca.[16] Tendo como base este material, foram feitas todas as traduções em línguas modernas. A edição atualmente mais completa é a apresentada em *SC* 264 (I), 294 (II), 211 (III), 100 (IV), 153 (V), com volumes suplementares de comentários.

Somente nos inícios do século XX (1904) foi retraçada por Erevan a tradução armênia, realizada no século VI, da *Demonstração da pregação evangélica*. A obra foi publicada em 1907 e atualmente há também uma tradução em francês, que aparece em *SC* 62.[17]

A presença das Escrituras nas obras de Ireneu

Primeiramente se deve lembrar que, embora Ireneu considere inspirados, isto é, Escrituras, quase todos os livros do Novo Testamento, assim como os do Antigo Testamento, o seu cânon não é ainda o que se tornará definitivo na grande Igreja. Com efeito, ainda que repute inspirado o *Pastor de Hermas*, não utiliza livros do Novo Testamento tais como a Carta a Filêmon, a Carta aos Hebreus, a Segunda Carta de Pedro, a Carta de Tiago, a Terceira Carta de João e a Carta de Judas.[18]

Muito significativa, ao contrário, é a justificativa dada por Ireneu sobre o evangelho quadripartido. Escreve, por exemplo:

> Não é admissível que existam mais de quatro Evangelhos, nem menos de quatro. Porque existem quatro regiões do mundo, no qual estão os quatro ventos e os quatro pontos cardeais. Por outro lado, a Igreja está espalhada por toda a terra e a coluna e o fundamento da Igreja é o Evangelho e o Espírito (sopro) da vida, e é normal que esta Igreja tenha quatro colunas que de todas as partes emitam sopros de incorruptibilidade e vivifiquem as pessoas. Daí resulta que o Verbo, Artífice do universo, que se assenta sobre os querubins e mantém todo o conjunto, uma vez

---

[16] Cosentino, *o.c.* 8.

[17] Cf. NPDAC 2610. Para uma informação exaustiva e acrescentada em 2009 às edições de *Contra as heresias*, cf. Cosentino, *o.c.* 58-59; particularmente úteis também as observações aos problemas relativos à transmissão manuscrita do texto (Cosentino, *o.c.* 9-10).

[18] Cf. Quasten, *Patrologia* 274; Cosentino, *o.c.* 37-38.

que se manifestou nos humanos, nos tenha dado um Evangelho quadriforme, garantido, contudo, por um só Espírito (*Contra as heresias* 3,11,18).

Dom Adelino Rousseau declara com clareza que a referência às Escrituras é determinante no pensamento de Ireneu. Este estudioso observa que Ireneu, no prefácio do seu *Terceiro livro contra as heresias*, após ter manifestado a intenção de expor o seu pensamento com provas todas retiradas das Escrituras inspiradas, tomando consciência do descrédito que os hereges haviam lançado sobre as Escrituras recebidas da Igreja, preocupa-se, antes de tudo, em acertar a solidez dos textos, estabelecendo a autenticidade das próprias Escrituras, para não arriscar construir todos os argumentos na areia.[19]

Brota daqui, também para nós, a necessidade de parar – embora brevemente – sobre este ponto, que é colocado como fundamento pelo próprio Ireneu, antes de prosseguir para destacar seus critérios hermenêuticos. Um ponto que também nos informa das técnicas utilizadas pelos hereges para propagar as suas ideias da forma mais eficaz possível.

No prefácio de *Contra as heresias*, Ireneu dá detalhes sobre os objetivos do seu trabalho: tornar conhecidos, desmascarando-os, os ensinamentos secretos dos hereges, refutando-os, mostrando a sua falsidade (cf. *Contra as heresias* 1, Proêmio 1).

Escreve, com efeito, o Bispo de Lyon:

> Rejeitando a verdade, alguns colocam diante dos olhos (dos incautos), discursos falsos e genealogias intermináveis, mais adaptados a suscitar questionamentos, como diz o Apóstolo, e não aptos a construir o edifício de Deus baseado sobre a fé (1Tm 1,4), e por qualquer tortuosa verossimilhança (*per eam quae est subdole exercitata verisimilitudo*) arrastam (para a mentira) a mente daqueles que

---

[19] Cf. SC 210,173 e nota 1. É preciso recordar, porém, que "os argumentos de tipo simbólico – utilizados muitas vezes por Ireneu – não são compreendidos se não se tem presente o modo de pensar simbólico da antiguidade no qual tinha igual valor que o modo de pensar racional. A primeira modalidade de argumentação (a simbólica) foi fortemente contestada, como se tratasse somente de um estratagema simbólico para demonstrar o indemonstrável. É, certamente, uma astúcia retórica, mas funcional. Para Ireneu ela é uma argumentação absolutamente incontrovertível. A utilização de artifícios retóricos não é, pois, uma ação capciosa. Ao contrário, ela quer confirmar a realidade, com a força da palavra e dos símbolos" (Cosentino, *o.c.* 38).

são menos espertos (*transducunt sensum eorum qui sunt inexpertiores*) e os fazem escravos, falsificando as palavras do Senhor (*falsantes verba Domini*).

Tornados maus intérpretes de coisas bem ditas (*interpretatores mali eorum quae bene dicta sunt effecti*), afastam, desta forma, muitos, enganando-os com o pretexto de conhecer (*agnitionis*) daquele que constituiu e ordenou este (nosso) universo, quase como se tivessem algo superior e maior a oferecer do que aquele que fez o céu e a terra e tudo o que neles existe (cf. Ex 20,11; Sl 145,6; At 4,24;14,15).

Com voz convincente, estes solicitam, com a arte das palavras, os mais despreparados, utilizando a especulação (*illiciunt per verborum artem simpliciores ad requirendi modum*), mas depois os perdem miseravelmente, pois falam de forma ímpia e blasfema do Criador (*Fabricatorem*), aquelas mesmas (pessoas) que são incapazes de discernir o verdadeiro do falso (*non discernere valentium falsum a vero*). Com efeito, o erro não se mostra por si só, se não for compreendido pelo desmascaramento (*ne, denudatus, fiat comprehensibilis*); de fato, protegido por uma cobertura enganadora – é ridículo dizê-lo – até da própria realidade (*et ipsa veritate [...] veriorem semetipsum praestat*), para poder enganar com a máscara externa os mais ingênuos (*ut decipiat exteriori phantasmate rudiores*).

Um simples vidro pode ser considerado uma pedra preciosa de grande valor (*magni pretii*), até que chegue alguém capaz de examiná-lo e de desmascarar o malicioso engano. Se, portanto, à prata foi misturado o bronze, como poderá provar com facilidade, quem não é esperto? (*quis facile poterit, rudis cum sit, hoc probare?*) (*Contra as heresias* 1, Proêmio 2).

Além disso, eles introduzem sorrateiramente uma multidão infinita de Escrituras apócrifas e de proveniência duvidosa, composta por eles próprios, para impressionar os simples de espírito e as pessoas que ignoram as Escrituras autênticas (*Contra as heresias* 1,20,1).

O Bispo de Lyon assinala imediatamente que pretende responder de forma articulada aos métodos com os quais os hereges propagam as suas falsidades, baseando-se serenamente naqueles que, "tendo conservado a tradição proveniente dos Apóstolos (*traditione igitur quae est ab Apostolis*)" (*Contra as heresias* 3,5,1), "autenticada pela sucessão no episcopado daqueles que receberam, conforme o beneplácito do Pai, o carisma seguro da verdade (*eorum qui cum episcopatus sucessione charisma veritatis certum secundum placitum Patris acceperunt*)" (*Contra as heresias* 4,26,2), "explicam sem erros as Escrituras, sem blasfemar contra Deus, sem ultrajar os patriarcas, sem desprezar os profetas" (*Contra as heresias* 4,26,5).

Surge daqui a primeira conclusão:

> É preciso, pois, fugir da opinião dos hereges e prestar atenção para não se deixar morder por eles, refugiando-se, ao contrário, na Igreja e tomar o leite do seu seio, nutrindo-se das Santas Escrituras (*dominicis Scripturis*). Com efeito, a Igreja foi plantada neste mundo como um jardim de paraíso. "Comei dos frutos de cada árvore, diz o Espírito Santo de Deus", isto é, comei todas as palavras das Escrituras do Senhor (*ab omni Scriptura dominica manducate*), mas abstende-vos do significado subentendido pelos hereges (*a superelato autem sensu ne manducaveritis*) e não sustenteis nenhuma das suas opiniões [...] porque, comendo a sua gnose (*agnitionem*), não tendes que correr o risco de serdes afastados do paraíso da vida (*Contra as heresias* 5,20,2).

Como se pode perceber por estas palavras, a intenção de Ireneu é, ao mesmo tempo, apologética, catequético-pastoral e espiritual.

Prosseguindo na elaboração da sua resposta aos gnósticos heterodoxos, ele utiliza, pois, quer de instrumentos denominados "exegéticos", quer de elaborações propriamente dogmáticas, estritamente conectadas umas às outras. Assim, por exemplo, o bispo de Lyon não considera, com efeito, incongruente reivindicar a lisura da sua exegese bíblica recorrendo à ideia da *recapitulatio*, emprestada de Paulo e tornada fundamento de todo o seu pensamento teológico.[20] E, por outro lado, permanecerá fundamental para ele a convicção, compartilhada por toda a exegese patrística, da unidade indissolúvel entre Antigo e Novo Testamento, unida a um modo totalmente óbvio e natural de junção recíproca de

---

[20] "A recuperação do Antigo Testamento vem claramente considerada por Ireneu com a doutrina da recapitulação. Retomando e comentando a passagem paulina de Ef 1,10, Ireneu desenvolve sua doutrina sobre Jesus, que veio colocar o seu selo sobre toda a história da salvação. Para realizar isto, é necessário que nada lhe seja estranho, mas que toda a história humana, desde o pecado de Adão até ele, todo o universo, a humanidade inteira, sejamos nele recapitulados [...]. Esta recapitulação é, pois, absolutamente necessária na perspectiva de Ireneu, a fim de que tudo possa receber em Cristo a ressurreição e a redenção [...]. Ao mesmo tempo, insiste também na recapitulação da obra diabólica no mundo. Tal contrarrecapitulação chegará, segundo Ireneu, na época do Anticristo [...]. A atenção à figura do Anticristo permite que Ireneu introduza outra doutrina que lhe é muito querida, a do reino milenar" (Cosentino, *o.c.* 50-51). Ao final do sétimo milênio "será admitido" a viver com Deus. O mundo se transformará e acontecerá o juízo final" (*o.c.* 52).

um ao outro Testamento, que se revela parte integrante da unidade harmônica vivida pelos crentes ortodoxos no interior da instituição vital da Igreja.

Tudo isto é confirmado por expressões como:

O Apóstolo demonstra que tudo que foi feito *typice* pelo profeta é realizado *vere* pela Igreja (*Contra as heresias* 4,20,12).

Ou então:

Como nós éramos prefigurados e preanunciados (*praefigurabamur et praenuntiabamur*) nos primeiros (isto é, os profetas), então esses tomam forma de novo (*deformantur*) em nós (*Contra as heresias* 4,22,2).

Ou ainda:

Com efeito, tudo aquilo que fora prefigurado pela Lei, e que chamamos de Novo Testamento, ele realizou com sua vinda e tudo continua a se realizar na Igreja até a consumação dos séculos (*Contra as heresias* 4,34,2).

Ou:

Estas coisas foram inauguradas (*praemeditabantur*) em Abel, preanunciadas (*praeconabantur*) nos profetas, realizadas (*perficiebantur*) no Senhor e em nós mesmos, a fim de que o corpo siga a cabeça (*conseguente corpore suum caput*) (*Contra as heresias* 4,34,4).

A ideia que Ireneu leva adiante, apoiada na ligação entre Moisés–Jesus Cristo–apóstolos–bispos é, substancialmente, a de que exista uma continuidade não somente entre Antigo e Novo Testamento, mas também entre este último e o *episcopus* que, sucedendo os apóstolos, torna sólida e autêntica a fé ortodoxa da Igreja.

E não é só isso. Com efeito, a afirmação "tomam de novo forma em nós" permite concluir que se experimenta uma espécie de contínuo *resourcement* dos mesmos personagens e dos seus respectivos ensinamentos em nossa vida de batizados em Cristo. A pessoa que se mantiver firme nesse sólido princípio de unidade conseguirá realizar, de fato, segundo o pensamento do Bispo de Lyon, uma misteriosa comunhão e comunicação de vida no interior do corpo eclesial, da qual falam as cartas apostólicas. Não estamos, certamente, nos inícios do que será chamado depois de "hermenêutica hagiográfica"?

A única condição para que tudo isso se torne realidade experimentada é que os batizados continuem lendo, diligentemente, as Escrituras, permanecendo em comunhão com as pessoas que, graças à sucessão no episcopado, possuem o carisma sólido da verdade.

As prefigurações do Antigo Testamento não falam, efetivamente, somente de Cristo, mas também da Igreja, com a qual forma um todo único com Ele e com todos os membros do seu corpo. Mas justamente por esta razão, as responsabilidades da Igreja pela defesa da unidade das Escrituras e pela sua correta interpretação é parte integrante da mesma Igreja. Decorre daí a responsabilidade irredutível, que deverá ser reconhecida aos sucessores dos apóstolos no episcopado, sendo estes as garantias naturais da autenticidade não somente dos conteúdos objetivos da fé, mas também da sua concreta realização na praxe dos crentes.

As palavras de Ireneu testemunham o clima certamente tenso no qual o Bispo de Lyon é constrangido a agir para defender a correta exegese da grande Igreja. Com efeito, não se deve esquecer de que a crise gnóstica não está, de forma nenhuma, superada na passagem do século II para o III. Há, ainda, o agravante (e este também não deve ser deixado de lado) de que os gnósticos, para obter sucesso nas messes dos batizados, não somente desfrutam dos textos das Escrituras, recebidas da Igreja, mas criam até novos textos, aparentemente mais cativantes, inventando evangelhos, cartas e atos dos apóstolos, hinos e poemas, que acabam por turvar as águas da fé pura da Igreja, ludibriando as pessoas simples.

Porém, sem titubeios, a severidade de Ireneu em denunciar, com extrema clareza, as técnicas maliciosas de alguns que, "mostrando com astúcia uma semelhança de verdade (*verisimilitudo*), desviam a compreensão das pessoas mais inexperientes" (*Contra as heresias* 1, Proêmio 2).

Portanto, a atenção dos eclesiásticos, deve ser, como já foi falado, muito mais vigilante e as suas armas de defesa muito mais atentamente afiadas, a fim de que, "se a prata for misturada ao bronze, como poderá provar quem não for um examinador experiente?" (*Contra as heresias* 1, Proêmio 2).

Uma resposta a Marcião e a Simão Mago

O contexto geral no qual se deve colocar o pensamento de Ireneu é certamente dado pela polêmica antignóstica. Há, contudo, para Ireneu, alguém que é particularmente perigoso e se chama Marcião. É um herege originário do Ponto que, como sublinha Ireneu,

> desenvolveu a sua doutrina blasfemando contra o Deus anunciado pela Lei e pelos Profetas. Segundo ele, com efeito, este Deus seria um ser maléfico, amante das guerras, contraditório e inconstante nas suas decisões. Quanto a Jesus, ele o descreveu também como enviado pelo Pai, que está acima do Deus criador do mundo. Jesus veio na Judeia, no tempo do governador Pôncio Pilatos, procurador do imperador Tibério César, e se manifestou na forma de um homem (*in hominis forma*) aos habitantes da Judeia, abolindo os Profetas, a Lei e todas as obras do Deus que criou o mundo.

Agindo desta forma, "Marcião faz crer aos seus discípulos que é mais verdadeiro que os Apóstolos que transmitiram o Evangelho, pois os coloca em contato com o Evangelho, não todo, mas com uma simples parte dele. Ele faz a mesma coisa com as Cartas do Apóstolo Paulo" (*Contra as heresias* 5,27,2).

Referindo-se particularmente a Marcião, ainda que não somente a ele, Ireneu insiste:

"Estes gnósticos, enquanto apresentam como prova das suas ideias textos estranhos às Escrituras e se afadigam para tecer cordas com areia, não se abstêm, no entanto, em tentar harmonizar os seus discursos, seja com as parábolas do Senhor, seja com os oráculos dos Profetas, seja ainda com as palavras dos Apóstolos, a fim de que suas intenções não apareçam totalmente privadas de testemunho". Ao agir desta forma, porém, estes "extravasam a ordem e o nexo lógico do texto e desmembram a verdade (*ordinem quidem et textum Scripturarum supergredientes et quantum in ipsis est solventes membra veritatis*). Transferem e mudam as palavras e, confundindo uma coisa com outra, seduzem muitas pessoas com o fantoche inconsistente que resulta, portanto, da manipulação das palavras do Senhor (*Transferunt autem et transfingunt, et alterum ex altero facientes, seducunt multos ex his quae aptant ex dominicis eloquiis male composito phantasmati*)" (Contra as heresias 1,8,1).

Portanto, os gnósticos são hábeis na explicação das Escrituras com textos extraídos das próprias Escrituras, buscando conseguir um acordo objetivamente inexistente entre as suas ideias e os textos bíblicos do Antigo e do Novo Testamento.

Pelo mesmo motivo não respeitam a integridade do texto bíblico nem sua consequencialidade (*ordo*). Por isso, acabam inevitavelmente em confusão, preocupados que estão em demonstrar com a autoridade do Senhor pensamentos que têm fundamento e justificação somente nas próprias fantasias.

Ireneu, após ter demonstrado o pensamento de diversos mestres gnósticos, a partir de Simão Mago, escreve no seu *Primeiro livro contra as heresias*:

> Segundo aquilo que dizem os seus escritos (gnósticos), é preciso que as almas experimentem todo gênero de vida possível (enquanto estão no corpo), de forma que, quando tiverem saído (do corpo) não tenham mais nenhuma dívida a seu respeito (*exeuntes, in nihilo adhuc minus habeant*), comportando-se de forma tal que não falte nada para a exigência da liberdade; caso contrário, seriam obrigadas a retornar de novo para um corpo (*adoperandum autem in eo, ne forte, propterea quod deest libertati aliqua res, cogantur iterum mitti in corpus*).
> Justamente por esta razão, dizem que Jesus tenha contado a parábola seguinte: "Enquanto te encontras ainda no caminho com o teu adversário, procura de todo modo liberar-te dele (*ut libereris ab eo*), para não arriscar ser arrastado diante do juiz e este te entregar ao guarda, que te jogará na prisão (*ne forte te det iudici et iudex ministro et mittat te in carcerem*). Na verdade te digo, não sairás de lá até que tenhas pagado o último centavo" (cf. Lc 12,58-59; Mt 5,25-26).
> A propósito deste texto os gnósticos explicam que o adversário (do qual fala Jesus) é um dos anjos (*et adversarium dicunt unum ex angelis*) que estão no mundo, aquele que chamam diabo, criado justamente para que conduza as almas dos transpassados do mundo diante do Príncipe que dizem ter sido o primeiro dos criadores do mundo (*primum ex mundi fabricatoribus*), o qual as entrega a outro anjo, seu ministro, que está à sua disposição, a fim de que conduza tais almas,

fechando-as em outros corpos (*ut in alia corpora includat*): com efeito, dizem que o corpo é um cárcere.

Interpretam, pois, o texto do Evangelho que diz "não sairás de lá até que tenhas pagado o último centavo", explicando que aquela pessoa não se libertará do poder dos anjos que criaram o mundo (*a potestate angelorum qui mundum fabricaverunt*), mas será, infelizmente, transportada continuamente de um corpo a outro (*sit transcorporatus semper*), até que tenha vivido tudo aquilo que é possível experimentar no mundo, e que sua alma, até que não lhe falte mais nenhuma outra experiência corpórea para fazer (*et cum nihil defuerit ei*), seja livre a ponto de ser capaz de ir em direção daquele Deus que está acima dos anjos criadores deste mundo (*tum liberatam eius animam eliberari ad illum Deum qui est supra angelos mundi fabricatores*).

Dessa forma, afirmam que todas as almas se salvam (*salvari et omnes animas*), desde aquelas que foram capazes de se dar a todo gênero de operação durante uma única vinda (*in uno adventu*) no mundo, até aquelas obrigadas a transmigrar de corpo em corpo (*sive de corpore in corpus transmigrantes vel immissae*). Estas almas têm necessidade ainda de pagar a dívida (*reddentes debita*), qualquer que seja o modo que o façam, a fim de que não sejam mais obrigadas a ficar num corpo (*liberari, uti iam non fiant in corpore*) (*Contra as heresias* 1,25,4).

Além disso, explicando deste modo o Novo Testamento, os gnósticos se gloriam de referir-se a uma tradição que lhes foi revelada, com absoluta certeza, por alguns dos discípulos de Jesus ou, quiçá, até mesmo pelos Apóstolos, que receberam diretamente do Senhor:

> Segundo eles, Jesus teria comunicado alguns mistérios aos seus discípulos e aos apóstolos, de forma velada aos demais. Posteriormente, dera-lhes ordem de transmitir de forma secreta a pessoas crentes e dignas de fé (*Iesum dicentes in mysterio discipulis suis et apostolis seorsum locutum et illos expostulasse, ut dignis et adsentientibus seorsum haec traderent*) (*Contra as heresias* 1,25,5).

A Regra da verdade

Diante deste múltiplo ataque à ortodoxia da fé, realizado com a utilização de uma ortodoxia ligada em todos os aspectos à ideologia gnóstica, e, mais ainda, com a pretensão de referir-se a um suposto ensinamento secreto de Jesus, Ireneu se sente obrigado a correr para repará-lo, estabelecendo precisos

critérios de referência que permitam aos fiéis da grande Igreja distinguir o grão da palha e a verdade do erro.

Tais critérios, individualizados pelos estudiosos de Ireneu, foram chamados também de *Regras de exegese*. Bertrand de Margerie distinguiu cinco;[21] na realidade, ao menos do ponto de vista estritamente teológico, pode ser suficiente prestar atenção à regra da verdade sobre a qual o Bispo de Lyon refere-se muitas vezes.[22]

Referindo-se à *regra da verdade*, Ireneu evidencia a necessidade de que a regra da Escritura seja não somente respeitada pela comunhão eclesial, mas também fundada solidamente sobre a indissolúvel confissão da fé no único Deus que institui a unidade das Escrituras e contesta toda tentativa de contraposição entre o criador do universo e o seu redentor, como é ensinado na Igreja por aqueles que guardam o ensinamento apostólico, sem nada acrescentar ou mudar.

Em relação à Carta de Paulo aos Efésios (4,5-6,16), com referência também à Carta aos Colossenses (2,19), Ireneu acentua, por isso, a absoluta necessidade de permanecer firme na confissão de um só Senhor, uma só fé, um só batismo, um só Deus e Pai de todos, e recomenda que se

> leia diligentemente as Escrituras (permanecendo) próximos daqueles que são presbíteros na Igreja de Deus e conservam a doutrina apostólica (*Contra as heresias* 4,32,1).

Com efeito, sendo a verdade um corpo único e unitário composto de diversos aspectos doutrinais, ela poderá ser reconhecida como autêntica somente pela pessoa "que contém em si mesma o cânon imutável da verdade (*qui regulam veritatits immobilem apud se habet*), que recebeu o seu batismo, assim que poderá reconhecer os nomes, as frases e as palavras que os hereges retiraram das Escrituras, mas não aceitará o sistema blasfemo daquele grupo humano herético. Ele reconhecerá cada pedra do mosaico original, mas não confundirá o desenho

---

[21] Cf. Bertrand de Margerie, *Introduzione alla storia dell'esegesi: I Padri greci et orientali*, vol. I, Borla, Roma 1983, 63-68: a regra da verdade (63-65), a regra da Tradição (65-67), a consonância ou "sinfonia" (67); interpretar os textos obscuros das Escrituras com o auxílio daqueles mais claros e explícitos (67); não abandonar as verdades certas e seguras para pôr-se à procura das questões que são ou inúteis ou estão fora da nossa inteligência (68).

[22] Cf. Cosentino, *o.c.* 52-55.

de uma raposa com o retrato do Rei. Colocando, ao contrário, cada palavra no seu contexto e, harmonizando-a assim ao corpo da verdade, colocará a nu o seu engano e desmascarará a sua inconsistência (*Unumquemque autem sermonum reddens suo ordini et aptans veritatis corpusculo, denudabit et insubstantium ostendet figmentum ipsorum*)" (Contra as heresias 1,9,4).[23]

De tudo isso se conclui a grandíssima importância que é atribuída por Ireneu à tradição apostólica e à sua autenticação através da sucessão histórica dos bispos.

Os gnósticos faziam referência, conforme já foi visto, a uma secreta transmissão de verdade, que Jesus teria confiado a alguns apóstolos em particular e que estes últimos teriam transmitido, respeitando as mesmas regras do segredo, a alguns dos próprios discípulos, dos quais os mesmos gnósticos tinham recebido.

O bispo de Lyon responde com extrema dureza a essa pretensão dos gnósticos, sublinhando antes de tudo a direta ligação do ensinamento dos apóstolos com o de Jesus e evidenciando a prioridade de o seu ser evangelho vivente, pelo dom do Espírito Santo recebido de Jesus ressuscitado, com respeito ao livro escrito, acrescentando dois aspectos fundamentais: primeiro, a conformidade perfeita dos apóstolos entre o Evangelho testemunhado pela vida e as Escrituras; segundo: o perfeito conhecimento do ensinamento de Jesus, que caracteriza seja o grupo dos apóstolos no seu conjunto, seja cada um deles tomado singularmente.

Com efeito, Ireneu escreve quase no início do *Terceiro livro contra as heresias*:

> O Senhor de todos deu aos seus Apóstolos o poder (*potestatem*) do Evangelho, de tal modo que através deles pudéssemos reconhecer também a verdade, isto é, o ensinamento (*doctrinam*) do Filho. A eles o Senhor disse: "Quem vos escuta, me escuta, e quem vos despreza, me despreza e àquele que me enviou". Com efeito, não conhecemos a disposição da nossa salvação (*dispositionem salutis nostrae*) por meio de outros, senão por aqueles através dos quais o Evangelho chegou até nós

---

[23] Esta primeira regra da exegese coincide substancialmente com aquela que o Concílio Vaticano II chamará "analogia da fé", quando escreve: "Para bem captar o sentido dos textos sagrados, deve-se atender com grande diligência ao conteúdo e à unidade de toda a Escritura, levada em conta a Tradição viva da Igreja toda e a analogia da fé" (*Dei Verbum* 12).

(*per quos Evangelium pervenit ad nos*). Por isso, o que então pregaram, transmitiram em seguida, por vontade de Deus, através das Escrituras (*quod quidem tunc praeconaverunt postea vero per Dei voluntatem in Scripturis nobis tradiderunt*), como fundamento e coluna da nossa fé (*fundamentum et columnam fidei nostrae futurum*).

Com efeito, não é lícito afirmar que eles pregaram antes de ter um perfeito conhecimento (*agnitionem*) das coisas, como afirmam alguns que se vangloriam de ser os censores dos apóstolos. Estes, com efeito, depois que o Senhor ressuscitou dos mortos, foram revestidos do poder do alto pelo dom do Espírito Santo (*induti sunt supervenienti Spiritu Sancto virtutem ex alto*) e foram dotados de tudo, tendo, sem dúvida, um conhecimento (*agnitionem*) de tudo, tendo depois se dispersado até os confins da terra, levando a boa notícia da benevolência de Deus a todos e anunciando aos homens e às mulheres a paz que vem do céu, possuindo todos juntos e separadamente (*omnes pariter et singuli*) o Evangelho de Deus (*Contra as heresias* 3,1,1).

A esta reivindicação relativa aos apóstolos, Ireneu acrescenta o liame análogo que eles estabeleceram com seus sucessores imediatos em cada uma das Igrejas, revelando:

Podemos enumerar um a um os bispos que foram estabelecidos pelos apóstolos em cada uma das Igrejas, bem como os seus sucessores até os nossos dias [...]. Como seria muito longo compilar uma lista de sucessão de todas as Igrejas, fazemos referência à tradição apostólica e à fé da maior e mais antiga das Igrejas, conhecida por todos, fundada e constituída em Roma pelos dois gloriosíssimos apóstolos Pedro e Paulo, de modo que, indicando a sucessão dos seus bispos, que chegam até nós, podemos estar em condição de refutar todas as pessoas que, de qualquer modo, ou por informação, ou por vanglória, ou por cegueira, ou por erro, espezinham a verdade além do devido (*praeter quam oportet colligunt*); porque com esta Igreja, por causa da sua maior preeminência, é necessário que toda a Igreja concorde (*ad hanc enim Ecclesiam, propter principalitatem necesse est omnem convenire Ecclesiam*), isto é, os crente de cada lugar, sendo que nela foi mantida sempre a tradição por aqueles (ou em favor daqueles) provenientes de todas as partes (*in qua semper ab his qui sunt undique conservata est ea quae est ab Apostolis Traditio...*). Com esta ordem e sucessão, a Tradição dos Apóstolos, presente na Igreja com o anúncio da verdade, chegou até nós (*pervenit usque ad nos*)" (*Contra as heresias* 3,3,1-3), como demonstra o exemplo dos povos bárbaros que creem em Cristo: "Eles experimentam a salvação inscrita pelo Espírito nos seus corações, sem precisar de papel nem de tinta (*sine charta et atramento scriptam habentes per Spiritum in cordibus suis salutem*), e guardaram com diligência a antiga Tradição (*veterem traditionem diligenter custodientes*)" (*Contra as heresias* 3,4,2).

Resulta disso a conclusão polêmica, precisa e sem rodeios:

Não é necessário procurar em outro lugar (isto é, nas seitas secretas) a verdade que se recebe com facilidade da Igreja (*veritatem quam facile est ab Ecclesia sumere*), desde o momento em que os Apóstolos recolheram nela, como um cofre blindado (*depositorium*), do modo mais completo, tudo aquilo que diz respeito à verdade, a fim de que, quem desejar, possa receber dela a bebida de vida. Ela é a porta de entrada na vida, enquanto todos os demais (que entram por outras portas) são ladrões e assaltantes. Por esta razão, é preciso rejeitar aqueles, e amar, ao contrário, com extremo afeto, tudo aquilo que é da Igreja, acolhendo a Tradição da verdade (*quae autem sunt Ecclesiae cum summa diligentia diligere et adprehendere veritatis traditionem*) (*Contra as heresias* 3,4,1).

A comunhão com a Igreja

Portanto, Ireneu conhece e defende um critério muito concreto e simples para certificar-se de ter interpretado as Escrituras de modo correto: a fidelidade à tradição apostólica garantida pela sucessão episcopal. Fidelidade que comporta necessariamente um empenho de comunhão com quem possa demonstrar de modo real e histórico, através da sucessão que chega até nós, a continuidade do próprio ensinamento com o dos apóstolos.

Com um acréscimo aparentemente à parte, mas que, de fato, se revela determinante: a referência à grande Igreja de Roma que pode, por sua vez, fazer menção correta aos Apóstolos Pedro e Paulo.

Portanto, é necessário estar de acordo com os bispos que, com a sucessão do episcopado, receberam "um carisma de verdade segundo o beneplácito do Pai (*charisma veritatis certum secundum placitum Patris acceperunt*)" (*Contra as heresias* 4,26,2; cf. *Dei Verbum* 8b). Contudo, o critério que parece determinante no pensamento de Ireneu é o de concordar com a Igreja de Roma, que é "a Igreja maior, a mais antiga, a mais conhecida por todos, fundada e estabelecida por dois gloriosíssimos apóstolos, Pedro e Paulo (*maximae et antiquissimae et omnibibus cognitae, a gloriosissimis duobus apostolis Petro et Paulo Romae fundatae et constituitae Ecclesiae)"* (Contra as heresias 3,3,2).

> Com esta Igreja – prossegue Ireneu –, por causa da sua origem prestigiosa, é necessário que cada Igreja concorde, isto é, todas as pessoas crentes de todos os lugares, porque nela esteve sempre guardada a tradição apostólica (*ad hanc enim Ecclesiam propter potentiorem principalitatem necesse est omnem convenire Ecclesiam, hoc est eos qui sunt undique fideles, in qua semper conservata est ea quae est ab apostolis traditio*) (Contra as heresias 3,3,2).
>
> É necessário aprender a verdade – aprofunda Ireneu – lá onde foram depositados os dons de Deus (*ubi charismata Dei positi sunt*), isto é, junto com aqueles que possuem a sucessão da Igreja apostólica (*apud quos et ea quae est ab apostolis Ecclesiae sucessio*), aos quais conta uma conversação saudável e integral (*quod est sanum et irreprobabile conversationis*) e um falar de nenhum modo adulterado e corrupto (*inadulteratum et incorruptibile sermonis*). Com efeito, são esses que guardam a nossa fé no único criador de todas as coisas; fazem aumentar o nosso amor para com o Filho de Deus, que tantas ações salvíficas (*dispositionis*) realizou em nosso favor; por fim, explicou-nos sem erro as Escrituras, sem blasfemar contra Deus, sem ultrajar os patriarcas, sem desprezar os profetas (*et Scripturas sine periculo nobis exponunt neque Deum blasphemantes, neque patriarchas exhonorantes, neque prophetas contemnentes*) (Contra as heresias 4,26,5).

Justificações de seu método

Tudo o que compreendemos até então parece pertencer somente à apologia antignóstica, dentro de cuja ótica Ireneu pôde colocar tudo aquilo que desejava também a propósito dos conteúdos da fé.

O bispo de Lyon, Ireneu, demonstra ter, porém, uma preocupação pastoral e espiritual que o conduz a propor algumas formas específicas para nutrir a fé dos crentes, por meio da sábia utilização das Escrituras inspiradas, que desabrochará no amadurecimento do *spiritalis homo*, do homem espiritual, da forma como é compreendido por Paulo (cf. 1Cor 2,15).

Procuraremos segui-lo nessa construção do *homo spiritalis*, seguindo os seus próprios textos.

Ireneu escreve, em uma página assaz sugestiva do seu *Quarto livro contra as heresias*:

Quem ler com atenção as Escrituras (*si quis intentus legat Scripturas*), encontrará nelas quer um discurso que fala de Cristo, quer uma prefiguração da nova chamada (*inveniet in eisdem de Christo sermonem et novae vocationis praefigurationem*). Com efeito, é ele o tesouro escondido no campo (Mt 13,44), isto é, neste nosso mundo – com efeito, o campo é o mundo –, mas este tesouro está escondido nas Escrituras (*absconsus vero in Scripturis*), nas quais era significado por tipos e parábolas (*per typos et parabolas significabatur*).

Todas as aquelas coisas que não podiam ser compreendidas se fossem lidas somente conforme os critérios meramente humanos e antes que tivesse acontecido o que fora predito profeticamente (*priusquam consummatio eorum quae profetata sunt veniret*), isto é, a vinda de Cristo (*quae est adventus Christi*).

Por este motivo foi dito ao profeta Daniel: "Fornece de discursos e sela o livro (*signa librum*), até o tempo da realização, até quando não chegue o tempo no qual muitos entenderão (*quoadusque discant multi*) e a sua interpretação seja completa (*et adimpleatur agnitio*).

Com efeito, quando acontecer a dispersão, compreenderão tudo (*cum perficietur dispersio cognoscent omnia*)" (Dn 12,4.7). Também Jeremias disse: "Nos últimos dias todos entenderão" (Jr 23,20).

De fato, cada profecia, antes que se realize, é, para os povos, cheia de enigmas e ambiguidades (*priusquam habeat effectum, aenigmata et ambiguitates sunt omnibus*), mas quando, no tempo oportuno, se realiza aquilo que foi profetizado, então ela encontra a sua óbvia e autêntica exposição (*habent liquidam et certam expositionem*). Por isso também aos nossos dias (*in hoc nunc tempore*), quando a Lei é lida pelos judeus (*a Iudaeis quidam cum legitur lex*), ela aparece como uma fábula (*fabulae similis est*). O porquê disto é óbvio: os judeus não têm, efetivamente, a clara exposição de todas as coisas que representa a vinda do Filho de Deus como homem (*non enim habent expositionem omnium rerum pertinentem ad adventum Filii Dei qui est secundum hominem*).

Quando, ao contrário, a mesma Lei é lida pelos cristãos (*a Christianis vero cum legitur*), ela se revela um tesouro escondido no campo, mas revelado e explicado pela cruz de Cristo (*thesaurus est absconsus in agro, cruce vero Christi revelatus et explicatus*), que indica tanto os sentidos das pessoas quanto a sabedoria de Deus (*ostendens sapientiam Dei*), bem como a sua disposição (*dispositiones eius manifestans*). Na verdade, mostra, formando-o, o Reino de Cristo (*et Christi regnum performans*), mas prenuncia (*praeevangelizans*) também a herança da santa Jerusalém, revelando (*praenuntians*) que a pessoa que é amante de Deus progredirá a tal ponto de poder ver a Deus e escutar a sua Palavra (*homo diligens Deum perficiet, ut etiam videat Deum et audiat sermonem eius*), até ser tão glorificado pela escuta da sua Palavra (*et ex auditu loquelae eius in tantum glorificabitur*) que as outras pessoas não poderão nem mesmo sustentar o esplendor de sua face (*uti reliqui non possint intendere in faciem gloriae eius*).

Justamente como fora predito por Daniel, que havia escrito: "As pessoas que forem introduzidas na compreensão destas coisas (*intellegentes*) resplandecerão como o esplendor do firmamento e a multidão dos justos resplandecerá como as estrelas" (Dn 12,3).

Por isso, se alguém está em condição de ler as Escrituras com o método que acabamos de explicar (*quemadmodum igitur ostendimus si quis legat Scripturas*), e que foi o utilizado pelo Senhor (*etenim Dominus sic disseruit*) após a sua ressurreição dos mortos, quando lhes mostrou que "era preciso que o Cristo sofresse para entrar na glória" (Lc 24,26.46) e que "em seu nome seria pregado em todo o mundo o perdão dos pecados" (Lc 24,47), tornar-se-á um discípulo perfeito (*consummatus*), assimilado ao *paterfamilias* que "retira do seu tesouro coisas novas e antigas" (Mt 13,52) (*Contra as heresias* 4,26,1).

Esta página poderia ser vista como uma espécie de manifesto do método exegético de Ireneu.

Antes de tudo desejamos que não passe despercebido o fato de que a unidade à qual acena Ireneu não se limita à simples combinação recíproca entre Antigo e Novo Testamento. Ela compreende também o envolvimento existencial dos discípulos de todas as gerações, que receberam a mesma chamada do Senhor e aderiram entrando em sua Igreja.

Com efeito, no Antigo Testamento se encontra, conforme o Bispo de Lyon, uma profecia (*praefigurationem*) relativa não somente à palavra de Cristo (*de Christo sermonem*), mas também à nova chamada (*novae vocationis*), a tal ponto de poder estabelecer um *continuum* que, partindo do Antigo Testamento, vai ao Novo Testamento e, prosseguindo no tempo da Igreja, conclui-se no final dos tempos.

Brota daqui a convicção de que as Escrituras sejam depositárias daquele tesouro escondido no campo do qual fala o Evangelho de Mateus. Esse campo, por isso, é identificado simultaneamente tanto com o mundo da nossa história quanto com as Escrituras nas quais esse mesmo tesouro vinha significado através dos tipos e parábolas (*per typos et parabolas significabatur*).

O tesouro, porém, naturalmente identificado com o próprio Cristo, pode ser descoberto somente pelas pessoas que não se limitam a ler as Escrituras *secundum hominem*. Com efeito, elas permanecem enigmáticas e ambíguas enquanto não chega a sua realização, que se dá com o *adventus Christi*. Somente após o tempo de Cristo as Escrituras se tornam claras, permitindo uma correta e verdadeira interpretação apreendida diretamente do Senhor ressuscitado.

Mas não só isso. Mesmo depois do *adventus Christi*, as Escrituras permanecem obscuras, a ponto de parecerem simples fábulas, se, como acontece com os judeus, as pessoas não reconhecem naquela vinda de Cristo a presença *secundum hominem* do Filho de Deus no mundo.

Os cristãos são os únicos capazes de desenterrar o tesouro escondido no campo das Escrituras, pois as leem ligando-as à cruz de Cristo. Essa ligação das Escrituras à Cruz de Cristo possui uma misteriosa missão epifânica. Na verdade, a cruz desvela e explica (*revelatus et explanatus*) aquilo que se esconde no campo das Escrituras,

>orientando (*ditans*) os sentidos das pessoas;
>indicando a sabedoria de Deus (*ostendens sapientiam Dei*);
>tornando manifestas as atitudes assumidas por Deus em prol das pessoas (*eas quae sunt erga hominem dispositiones*);
>realizando (*performans*) o Reino de Cristo;
>anunciando antecipadamente a boa-nova (*praevangelizans*) da herança da Nova Jerusalém;
>por fim, preanunciando (*preanuntians*) que as pessoas que amam a Deus (*homo diligens Deum*) progredirão a ponto (*in tantum proficiet*) de poder também:
>ver a Deus (*ut etiam videat Deum*);
>ouvir a sua Palavra (*et audiat sermonem eius*);
>e ser inundado de tanta glória (*in tantum glorificabitur*), graças à audição da sua Palavra *(ex auditu loquelae eius)*, que as outras pessoas não poderão suportar a luminosidade de sua face" (*Contra as heresias* 4,26,1).

Àqueles aos quais o Senhor ressuscitado revelou porque "seria necessário que o Cristo padecesse para entrar na glória" (Lc 24,26.46), se torna presente o perfeito (*consummatus*) discípulo manifestado em Moisés (cf. Ex 34,29-35). O mesmo se diga aos que, segundo o livro de Daniel (cf. Dn 12,3) se tornariam tão *intellegentes* a ponto de ficarem tão "esplendentes como estrelas pela eternidade".

A importância da utilitas

Adquirido o conceito da indissolúvel unidade do ser humano e do outro Testamento com a vida da Igreja, Ireneu completa o seu ensinamento acrescentando uma reflexão, já clássica a partir de Platão, relativa à utilidade, que acompanha sempre tudo o que é verdadeiro e bom.

Escreve o bispo de Lyon:

> Os apóstolos ensinaram que foram dados dois Testamentos a dois povos. Mas que o único e mesmo Deus havia disposto dar um e outro para utilidade dos seres humanos, os quais começariam a crer em Deus segundo os Testamentos que lhes foram dados.
>
> Seguindo o ensinamento dos Apóstolos, mostramos no terceiro livro que, não sem motivo, inutilmente ou por acaso foi dado o primeiro (*prius*) Testamento, mas para que submetesse as pessoas às quais fora dado como serviço de Deus para sua vantagem (*ad utilitatem eorum*).
>
> Deus, porém, não precisa ser servido pelas pessoas, para as quais tudo deve ser entendido tanto como uma exposição do modelo das realidades divinas (*typum caelestium*), por causa da impossibilidade de verem com os próprios olhos as realidades divinas, quanto como prefiguração das imagens que estão na Igreja, para tornar estável a nossa fé e confirmar a profecia das coisas futuras, e para que aprendam que Deus é previdente em tudo e com todos (*Contra as heresias* 4,32,2).

Não há nenhuma citação precisa no texto, nem de Jo 1,14-18 nem de Hb 10,1, mas pelo contexto e desenvolvimento do pensamento de Ireneu, parece bastante óbvia a presença de um liame entre o *"nondum poterat homo per proprium visum videre quae sunt Dei"* e a afirmação de João: *"Deum nemo vidit unquam"* (Jo 1,18); ou então entre a expressão *"typum autem coelestium ostendens [...] et prophetiam futurorum continens"* e a afirmação: *"Umbram enim habens lex futurorum honorum"*, de Hb 10,1.

Note-se, além disso, que a que Ireneu reconhecia às Escrituras está muito próxima da que, apenas um século mais tarde, os Padres de Niceia reconhecerão na vinda do Filho de Deus, que "por nós homens e pela nossa salvação desceu do céu".

Nesse ponto, uma segunda leitura do texto precedente (*Contra as heresias* 4,26,1), que foi definido como um manifesto, revelaria algumas novidades interessantes.

Com efeito, confrontando aquela página que foi proposta logo atrás, percebe-se, antes de tudo, que a impossibilidade de o ser humano *"videre quae sunt Dei"* se dissolve por causa do *"adventus Christi"*.

O tesouro escondido no campo das Escrituras do Antigo Testamento (ou simplesmente escondido *"in isto mundo"*) é desenterrado pelo evento Cristo. Com efeito, é o *adventus Christi*, verdadeiramente, que retira a venda dos olhos para que a pessoa humana possa ver *"quae non poterant hoc quod secundum hominem est intelligi"*. E é ainda o *"adventus Christi"* a *"consummatio eorum quae prophetata sunt"*; profecias que, por isso, se tornam *"typum coelestium"*, *"imagines eorum quae sunt in Ecclesia"*, *"prophetia futurorum"*.

Certamente se poderia ir adiante, descobrindo que as Escrituras foram dadas *"ad utilitatem hominum"*, não somente porque "aqueles que começavam a crer nele se submetiam ao serviço de Deus", mas também para que se manifestasse toda a série de *utilitates* enumeradas por Ireneu no primeiro texto examinado aqui.

Contudo, para descobrir todas essas "utilidades para as pessoas humanas", ofertadas em um e outro Testamento, é preciso – sustenta Ireneu – reconhecer a "exposição de todas as coisas que veem do Filho de Deus *secundum hominem*" (*Contra as heresias* 4,26,1). Com efeito, se não se descobre o *"adventum Filii Dei"*, o *"thesaurus"* permanece *"absconsus in agro"*. Por isso, "a Lei parece uma fábula" e a "profecia" permanece envolvida na rede dos *"aenigmata"* e das *"ambiguitates"*.

Portanto, somente a "vinda do Filho de Deus *secundum hominem*" oferece "a clara e correta exposição de todas as coisas", e o faz com a cruz de Cristo.

Na verdade, parece que justamente a aceitação da cruz de Cristo é que permite ao ser humano ter total acesso à série de utilidades escondidas pela repetição do *et* declarativo no texto no qual nos baseamos. Na *"cruce vero*

Christi" é possível, com efeito, ter uma autêntica recapitulação de todas as várias "utilidades" presentes na Lei e nos Profetas e, não menos importante, aquela segundo a qual "toda pessoa humana amante de Deus progredirá até conseguir ver a Deus e ouvir a sua Palavra" (*Contra as heresias* 4,26,1), até o ponto que, transformado pela "audição da sua Palavra", o crente seja tornado, então, "*consummatus discipulus*", igual a Moisés, de quem fala Ex 34,29-35 e o comentário de 2Cor 3,7, estando em condição de ser para a Igreja e para o mundo inteiro aquele chefe de família que tira do seu tesouro coisas novas e coisas antigas (cf. Mt 13,52).

O julgamento do spiritalis homo

A descrição deste particular discípulo transformado ou, melhor dizendo, transfigurado, pelo *auditu loquelae eius* (isto é, pela audição de sua Palavra), constitui a estrutura fundamental dos capítulos 33–35 do quarto livro de *Contra as heresias*, dedicados todos a "*talis discipulus vere spiritalis recipiens Spiritum Dei*" (isto é, a um discípulo verdadeiramente espiritual que recolhe o Espírito de Deus).

Ireneu escreve:

Tal discípulo verdadeiramente espiritual é aquele que acolhe o Espírito de Deus, aquele mesmo Espírito que, desde o princípio, esteve presente em todas as disposições de Deus a favor dos seres humanos, anunciou as coisas futuras e manifestou as presentes, narrando as passadas; com efeito, "ele julga todos e não é julgado por ninguém" (*Contra as heresias* 4,33,1).

Consequentemente:

1. ele julga os pagãos "porque se submetem à criatura mais que ao Criador" (*Contra as heresias* 4,33,1);
2. julga também os judeus "porque recusaram a Palavra da liberdade (*non percipientes Verbum libertatis*), nem aceitaram ser libertados enquanto estava presente o libertador, mas simularam ser fora da lei (*extra legem*) prestar culto a Deus, quando então o tempo tinha passado, ignorando o advento de Cristo" (*Contra as heresias* 4,33,1);

3. examinará a doutrina de Marcião: com efeito, como pode este último afirmar que "existem dois deuses separados e infinitamente distantes um do outro?" (*Contra as heresias* 4,33,2);
4. julgará todos os discípulos de Valentino, os quais confessam com os lábios um só Senhor Jesus Cristo, o Filho de Deus, mas depois, nos seus pensamentos, atribuem uma emissão própria do Unigênito, uma outra do Verbo, uma outra de Cristo e uma outra ainda do Salvador" (*Contra as heresias* 4,33,3);
5. julgará os Ebionitas: de fato, como podem salvar-se se não é Deus a realizar a sua salvação sobre a terra? E, por outro lado, como poderia o ser humano transmigrar em Deus, se primeiro Deus não é transmigrado no ser humano?" (*Contra as heresias* 4,33,4); ou então, "como poderia receber a adoção de Deus, permanecendo na cadeia gerativa que responde, neste mundo, às leis do ser humano?" (*Contra as heresias* 4,33,4);
6. "julgará as pessoas que pensam que ele tenha sido somente uma aparência" (*Contra as heresias* 4,33,5);
7. julgará os pseudoprofetas, os quais, "não tendo recebido de Deus o dom da profecia, e sem nenhum temor a Deus, fingem profetizar, ou por vanglória ou por qualquer ganho, ou então se submetendo a um espírito malvado, mentindo contra Deus" (*Contra as heresias* 4,33,6);
8. julgará os provocadores de cismas (*eos qui schismata operantur*), pessoas vazias que não conhecem o amor de Deus e pensam somente nos próprios interesses, antes que na unidade da Igreja, e, por estultícia, sem razão, dilaceram o grande e glorioso Corpo de Cristo e provocam divisões, matando tudo aquilo de bom que existe nele, falando de paz e fazendo a guerra" (*Contra as heresias* 4,33,7);
9. enfim, julgará "todas as pessoas que estão fora da verdade, isto é, que estão fora da Igreja (*qui sunt extra veritatem, hoc est extra Ecclesiam*) (*Contra as heresias* 4,33,7).

Ao contrário, a pessoa verdadeiramente espiritual não será julgada por ninguém, porque "a ela tudo aparece claro" (*omnia ei constant*), conservando íntegra a fé "no único Deus onipotente, do qual tudo provém (*ex quo omnia*)", "e no Filho de Deus, Jesus Cristo, nosso Senhor, pelo qual existem todas as coisas (*per quem omnia*)" (*Contra as heresias* 4,33,7).

A sua adesão é firme também àquilo que diz respeito às disposições (*dispositiones*) pelas quais (*per quas*) o Filho de Deus se fez homem. Firmeza de fé que lhe provém do fato de estar no Espírito de Deus (*in Spiritu Dei*), que é garantia do conhecimento da verdade e que distribui as disposições do Pai e do Filho, tendo-as adaptado àquilo que era bom para o gênero humano segundo a vontade do Pai (*Contra as heresias* 4,33,7).

O hermeneuta é, antes de tudo, spiritalis homo

Escreve Ireneu:

> Todas as outras coisas das quais demonstramos que os profetas falaram, apresentando tantos textos escriturísticos (*per tantam seriem Scripturae*), a pessoa humana que é verdadeiramente espiritual (*spiritalis vere qui est*) as interpretará (*interpretabitur*), mostrando, a propósito de cada uma delas, as coisas que foram ditas (*quae dicta sunt*), em função de quem foi dito (*per quem dictum est*) e a característica da disposição do Senhor (*characterem dispositionis Domini*).
> Ela demonstrará o projeto unitário da obra do Filho de Deus (*integrum corpus operis Filii Dei*), confessando sempre o mesmo Deus (*semper eundem Deum sciens*) e reconhecendo também sempre o único Verbo (*et semper eundem Verbum Dei cognoscens*), não obstante o fato de Ele ter somente agora se manifestado à humanidade.
> Ela reconhecerá sempre também o único Espírito (*semper eundem Spiritum Dei*), não obstante ele ter sido infundido em nós só recentemente.
> Além disso, ela admitirá também que existe o mesmo gênero humano (*idipsum humanum genus*) desde as origens do mundo até o seu fim.
> E ela saberá que as pessoas que creem em Deus e seguem o seu Verbo (*qui credunt Deo et sequuntur Verbum eius*) recebem a salvação que Ele concede (*percipiunt eam quae est ab eo salutem*); porém, as pessoas que se separam de Deus, desprezam os seus mandamentos, desonram com suas ações Aquele que as criou e com a língua (*sententia*) blasfemam contra Aquele que as nutre, serão julgadas com um juízo severíssimo.
> Portanto, essa pessoa verdadeiramente espiritual (*hic igitur*) examina a todos. Ela, porém, não é examinada por ninguém, pois não profere blasfêmias contra seu Pai

nem torna vãs as suas disposições (*dispositiones*), nem acusa os pais, nem desonra os profetas e, sobretudo, não aceita que eles provenham de outro Deus, nem que as suas profecias tenham origens substancialmente diversas" (*Contra as heresias* 4,33,15).

Nesta sua página Ireneu delineou, de fato, a identidade do hermeneuta ortodoxo. Se experimentarmos individuar a personalidade do hermeneuta ideal, conforme o pensamento expresso nesta página do bispo de Lyon, podemos então deduzir que:

1. o hermeneuta identifica-se com a pessoa *vere spiritalis*, isto é, com quem se fez em todos os aspectos *recipiens* do Espírito de Deus;
2. há uma visão unitária nas diversas *dispositiones*;
3. ele guardará a correta confissão da fé, afirmando o único Deus, o único Verbo, o único Espírito Santo e a unidade do gênero humano;
4. em particular, interpretará corretamente: aquilo que foi dito, em função de quem foi dito, como já foi dito;
5. além disso, esse hermeneuta, como verdadeira pessoa espiritual, julgará a todos sem ser julgado por ninguém, pois a sua fé é integralmente ortodoxa.

Observações

O contexto no qual Ireneu fala do hermeneuta das santas Escrituras é determinado pela gnose ainda florescente, entre os séculos II e III. Este tipo de preocupação (que poderia ser sintetizada na expressão "se alguém misturou o bronze à prata, quem conseguirá prová-lo, senão um examinador capaz?": *Contra as heresias* 1, Proêmio 2) transforma o hermeneuta em uma espécie de especialista, chamado a ser *vere spiritalis*, o qual "julga tudo e não é julgado por ninguém".

Não é o texto enquanto tal que interessa, em primeira instância, a Ireneu. É, antes de tudo, o hermeneuta. Com efeito, a fraude não está no texto, mas na malícia daqueles que o manipulam e se aproveitam da ingenuidade das pessoas simples para subvertê-lo. Eles se infiltram naquilo que não conhecem, embaralhando o sentido originário.

Para desmascará-los, servem critérios certos de referência, que supõem uma preparação cientificamente adequada por parte do exegeta cristão, não somente quanto ao conhecimento do livro "canônico" das Escrituras Santas, mas também quanto ao conhecimento das teses e das ideias próprias dos gnósticos.

Também nos confrontos dos judeus, Justino está convicto de que a incompreensão das Escrituras derive unicamente da incredulidade relativa não somente à pessoa de Jesus, mas também de sua própria tradição que começa com Moisés.

De fato escreve, e o citamos agora como conclusão de todo itinerário vivido em companhia de Ireneu, como uma admoestação permanente do bispo de Lyon:

> João lembrou claramente aos judeus: "Perscrutai as Escrituras, pensando que assim fazendo tereis a vida eterna; são elas mesmas que, verdadeiramente, dão testemunho em meu favor; mas vós não quereis vir a mim para possuir a vida eterna" (Jo 5,39-40). Com efeito, como teriam podido testemunhar em seu favor as Escrituras se não fosse desejado pelo único e idêntico Pai que, antecipadamente, desejava instruir as pessoas sobre a vinda do Filho, preanunciando que justamente por ele chegaria a salvação? "Se acreditásseis em Moisés – disse –, acreditaríeis também em mim, uma vez que ele escreveu justamente sobre mim" (Jo 5,46). Isto significa – prossegue Ireneu – que o Filho de Deus está presente em todas as partes nas Escrituras (*inseminatus est ubique in Scripturis eius, Filius Dei*), dialogando de vez em quando com Abraão, com Noé, aos quais sugeria, por exemplo, as normas, ou então se colocando em busca de Adão, julgando os Sodomitas, orientando no justo caminho Jacó, falando com Moisés na sarça ardente. Na realidade, são inúmeros os diálogos entre o Filho e Moisés, e Ele não ignorou nem mesmo o dia da sua paixão, mas o preanunciou em figura (*figuratim*), chamando-o Páscoa: de fato, foi justamente naquele mesmo dia que o Senhor sofreu a paixão, realizando a Páscoa, que fora descrita muito tempo antes de Moisés (*Contra as heresias* 4,10,1).

Mas se o exegeta cristão não pode deixar de permanecer em perfeita continuidade com a tradição mosaica que produziu o Antigo Testamento, não

obstante a incredulidade dos judeus, ele deve ser, sobretudo, eclesial. Este fato comportará uma imprescindível exigência de ler as Escrituras conservando a unidade de intenções e de vida com aqueles que são considerados presbíteros na Igreja de Deus. São estes últimos, com efeito, que guardam junto de si, incontaminada, a doutrina apostólica, graças ao *charisma veritatis certum* que receberam do Senhor através da tradição – sucessão apostólica do episcopado, autenticada pela ininterrupta tradição –, sucessão apostólica da Igreja de Roma.

Além de garantir a proximidade com os presbíteros ou anciãos da Igreja, o exegeta cristão das Escrituras estará, pois, atento a manter inalterada dentro de si a *regula veritatis* recebida no dia do Batismo.

O respiro eclesial, a proximidade com os presbíteros ou anciãos, a fidelidade constante ao Credo apostólico recebido no Batismo são "instrumentos de trabalho" indispensáveis; mas o exegeta ortodoxo terá, sobretudo, a preocupação de colocar cada palavra das Escrituras no seu contexto, harmonizando-a com o corpo (inteiro) da verdade: ("*unumquemque autem sermonum reddens suo ordini et aptans veritatis corpusculo*") e se envolvendo de modo tal a se tornar aquele *spiritalis homo*, o qual, como o *scriba doctus in regnum caelorum* de Mateus, sabe tirar do tesouro do coração coisas novas e coisas antigas (cf. Mt 13,52).

Surge, então, a preocupação constante de não dividir jamais o Novo do Antigo Testamento e vice-versa, mas também de mover-se constantemente de um para outro, sendo lidos ambos de acordo com a vida da Igreja, até a consumação dos séculos. E tudo isso com a consciência de se estar diante de um livro que tem o mesmo Deus-Verbo-Espírito como último autor. Por isso o livro, no seu conjunto e em cada uma de suas partes, encontra em Cristo e na sua Igreja o seu significado e a sua realização.

IV. Ensaio sobre o comentário ao Cântico dos Cânticos de Hipólito

PREMISSAS

Manlio Simonetti apresenta Hipólito[1] dentro do amplo quadro da exegese patrística, julgando-o o iniciador da exegese escriturística em âmbito católico, mas precisando: primeiro, que "é difícil afirmar se o foi realmente"; segundo, que, quanto ao personagem, estamos ainda muito distantes da solução da "intrincada questão da sua real identidade e fisionomia de escritor"; e, concluindo, enfim, que se pode "colocar este autor na passagem entre o final do século II e início do III, considerando-o mais um oriental que um romano".[2]

Falando, pois, do seu *Comentário ao Cântico dos Cânticos*[3] (daqui para adiante *Interpretatio*), atribuído a Hipólito, Simonetti sustenta que ele

---

[1] O caderno *Ricerche su Ippolito*, publicado em Roma pelo Instituto Patrístico Agostinianum em 1977, é útil para iniciar o aprofundamento da figura de Hipólito. A propósito deste caderno, Manlio Simonetti escreve: "As contribuições recolhidas neste volume não têm a presunção de levar em consideração senão uma parte dos complexos problemas conexos com a personalidade e a obra de Hipólito. Mas neste limitado contexto apresentam-se resultados que permitem aprofundar notavelmente os termos da sucessão e propor, além dos resultados parciais, uma tentativa de interpretação global, embora de modo provisório" (151). É preciso levar em consideração também estas importantes afirmações do mesmo Manlio Simonetti, que escreve: "Seja-me lícito aqui refazer-me à hipótese apresentada com toda cautela nas minhas contribuições e nas de Loi (88 e 125): existiram dois escritores com o nome de Hipólito em datas mais ou menos próximas. Um deles agiu em Roma na primeira metade do século III e depois foi martirizado. Foi o autor do bloco de *Elenchos* e de obras próximas em argumento. O outro foi um bispo oriental, cuja sede é incerta. Viveu no final do século II e início do III. É autor do bloco exegético e do *Contra Noetum*" (153). Pelo que diz respeito ao tema, nota-se, sobretudo, aquilo que o mesmo Manlio Simonetti escreve no mesmo contexto: "Meloni não somente demonstra a profunda afinidade que liga o *Comentário ao Cântico* aos escritos deste bloco mas aduz também precisas e significativas semelhanças entre todas estas obras e o *Contra Noetum*" (152). Deve-se ter como hipótese, então, seriamente que o *Comentário ao Cântico*, que será analisado, possa ser atribuído a um bispo oriental, cuja sede é incerta (na Síria e na Ásia) e que agiu pastoralmente entre o final do século II e início do III. Isto basta para justificar a leitura aprofundada do texto que se propõe fazer.

[2] Simonetti, *Lettera* 53-54.

[3] O *Comentário ao Cântico dos Cânticos*, "passado adiante sob o nome de Hipólito, foi a ele atribuído por Eusébio de Cesareia (*História da Igreja* 6,22) e por Jerônimo (*De viris illustribus* 61), uma vez que não

apresenta forma híbrida, na qual se misturam os caracteres da homilia e do comentário já utilizados em outras obras. Aqui, porém – acrescenta o estudioso – a interpretação [...] se torna coerente e sistemática. O cântico de amor é assunto em sentido exclusivamente simbólico e, por isso, é interpretado alegoricamente, sem, de modo nenhum, acenar a um sentido literal. A tipologia de base, que assume o amor dos dois esposos como *typos* do amor de Cristo e da Igreja, cristianiza a interpretação judaica, que tinha visto nos dois símbolos Javé e Israel, e, certamente, deve ser considerada anterior a Hipólito.[4]

Merece ser lembrada – conclui Simonetti – também a abertura do Comentário. O *Cântico* é ligado a outros dois livros de Salomão: *Provérbios* e *Eclesiastes*, à interpretação trinitária, pela qual o primeiro exprime a sabedoria do Pai, o segundo a vinda do Cristo no mundo e o terceiro a alegria e a consolação trazidas pelo Espírito Santo.[5]

As observações de Simonetti supõem algumas conclusões às quais, alguns anos antes, havia chegado o Prof. Pietro Meloni.[6]

O conteúdo teológico da *Interpretatio Cantici Canticorum* deixa claro que o tema central da obra é o mistério da economia da salvação. A vontade do autor é a de compreender, de alguma forma, o mistério da Trindade na sua relação com a vida da humanidade.

A fórmula "mistério da economia" resume bem o itinerário do Verbo, Filho de Deus, da sua presença no íntimo do Pai, a sua infusão sobre toda a humanidade, querendo significar uma vontade teológica dinâmica: o Pai, desde toda a eternidade, tem dentro de si o Verbo. Gera-o com a finalidade de se

---

se encontra no elenco das obras hipolitanas que estão no trono da estátua romana. A obra chegou até nós em uma versão georgiana descoberta em 1888 e publicada em 1901. Até então, eram conhecidos dela somente alguns fragmentos em grego, siríaco, armênio e árabe" (Meloni, "Hipólito e o Cântico dos Cânticos", 97). E, portanto, conclui o mesmo Meloni: por um lado, "ele é o mais antigo Comentário ao Cântico conhecido até agora"; por outro, isto demonstra que o Hipólito deste comentário "foi o primeiro exegeta eclesiástico da Escritura" (Meloni, *Il profumo dell'immortalità*, 101). O texto georgiano e armênio se encontra em *CSCO* 264, 23-53), ambos sob os cuidados de G. Garitte. Utilizamos este texto de Garitte pois desconhecemos tanto o armênio como o georgiano. O latim de Garitte tem o valor extraordinário de ser atentíssimo a uma espécie de correspondência dinâmica entre a língua patrística georgiana e armênia e a correspondente língua latina dos Padres, na qual se percebe a ressonância de um patrimônio comum pleno de solicitações familiares a nós, pela intimidade que temos com a língua dos Padres. Esta é a razão que nos leva a fazer referência ao latim de Garitte e não a qualquer outra versão moderna que jamais provocaria esta espécie de ressonância.

[4] Simonetti, *Lettera* 57.
[5] Ibidim 58.
[6] Cf. Meloni, "Ippolito e il Cantico dei Cantici".

achegar às pessoas na perspectiva de se tornar um homem em meio a eles, para comunicar-lhes a vida divina do Pai e reuni-los em uma única comunidade.[7]

Na realidade, deve-se concluir – segundo Meloni – que, para Hipólito, "a Sabedoria é o Verbo, gerado do Pai, e que vai ao encontro da humanidade para conduzi-la ao Pai". Este "caminho", chamado "economia", que supõe a passagem do Verbo do seu ser ao seu manifestar-se, conhece diversas etapas, que Meloni sintetiza desta forma:

1. O Verbo está no Pai.
2. O Verbo saiu da boca e do coração do Pai.
3. O Verbo opera a criação juntamente com o Pai.
4. O Verbo age no mundo através da palavra dos Profetas.
5. O Verbo se fez Carne.
6. Cristo efunde a sua Divindade pela sua carne humana consumada na cruz.
7. Cristo ressuscitado difunde a vida na Igreja.[8]

Segundo Meloni, trata-se de uma nova *oikonomia*,[9] que a metáfora dos Cânticos (Ct 1,3) permite associar à ação do unguento perfumado que necessita sair do vaso para poder difundir e comunicar ao exterior seu perfume. Com efeito, "o Verbo Divino, que estava no Pai, teve que sair do seio do Pai para comunicar o espírito da vida à humanidade. O unguento é o Verbo, o Cristo" (*Interpretatio* 2,4.31). O Verbo possui o perfume da vida do Pai para doá-lo aos seres humanos e inundá-los da alegria da vida.[10]

Com efeito, "como o vaso no qual está o unguento, que, enquanto está íntegro e selado, não exala o perfume, ainda que tenha a possibilidade de fazê-lo, mas quando o abrem emite o seu aroma e preenche o ambiente próximo e distante, assim também é o Verbo. Ele estava no coração do Pai. E até que dele não tivesse saído, não dava alegria a ninguém. Mas, quando o Pai emitiu

---

[7] Cf. Meloni, *Il profumo dell'immortalità* 102.
[8] Meloni, "Ippolito e il Cantico dei Cantici", 100.
[9] "*Nova dispositio mirabilium mysteriorum a Spiritu Sancto praedicatorum*", isto é, "uma nova disposição dos mistérios maravilhosos pregados pelo Espírito Santo" (*Interpretatio* 2,5).
[10] Meloni, "Ippolito e il Cantico dei Cantici", 100.

o sopro de perfume, difundiu o Verbo para dar alegria a todas as pessoas" (*Interpretatio* 2,5).

Fonte da sabedoria – comenta Meloni[11] – é o Pai (cf. *Interpretatio* 1,5), mas a Sabedoria é comunicada aos homens e mulheres pelo Verbo. Este falava por meio de Salomão, uma vez que Ele era a Sabedoria que comunicava aos seres humanos a vontade do Pai (cf. *Interpretatio* 1,6). O Verbo-Sabedoria havia transmitido ao mundo criado a *pulchritudo* (cf. *Interpretatio* 1,7); na encarnação a Sabedoria se manifesta pessoalmente aos seres humanos em Cristo, que é o Filho (cf. *Interpretatio* 1,8).

O Verbo se serve da voz dos Profetas

O perfume que manifesta o Filho como Sabedoria e Verbo utiliza a voz dos Profetas para fazer-se ouvir no mundo e levar as pessoas a reconhecer no Cristo o Filho, uma vez que esta "Sabedoria não era outro senão o Cristo, e este era o Filho" (cf. *Interpretatio* 1,8), palavra gerada pelo Pai.[12] O *Comentário ao Cântico* afirma isso – demonstra Meloni[13] – na interpretação do esposo que aguarda olhando pela janela; "janela" deve ser entendida, verdadeiramente, como a abertura dos profetas pelos quais o Verbo fala.

O autor da *Interpretatio* escreve comentando Ct 2,9 ("Guarda da janela"): "Com efeito, de quem se fala com a metáfora da janela senão dos profetas graças aos quais o Verbo efervescente se lançou até nós aqui?" (cf. *Interpretatio* 23,1).

E, continuando a interpretação de Ct 2,9-10 ("então o meu amado, espiando pelas grades, começa a dizer: 'Levanta-te, minha amiga, minha bela, e vem depressa!'"), acrescenta: "Estas palavras devem ser entendidas como um convite, gritado por todos os profetas, que diz: 'Aproximai-vos de mim'" (*Interpretatio* 23,2). Porém, é óbvio que o Verbo feito carne deva ser reconhecido como ponto de chegada das palavras de todos os profetas.

---

[11] Ibidem, 107.
[12] Cf. ibidem, 110.
[13] Ibidem, 110-111.

O autor da *Interpretatio* explica: "Como a maçã exala um perfume mais intenso que o de todas as demais frutas, assim também Cristo, levantado no lenho da cruz, difunde sobre os profetas um perfume tão intenso como o da maçã" (*Interpretatio* 18,2).

O local apropriado, pois, no qual é possível sentir o perfume tanto dos profetas como daquele que emana um ainda mais intenso que o deles, é a Igreja, na qual se concretiza a graça da nova *oikonomia* (*cf. Interpretatio* 8,2).

Meloni comenta:[14]

> A salvação acontece na *congregação* de todos os homens e mulheres, a fim de que vivam a mesma vida do Pai oferecida pelo Verbo como perfume divino [...]. A *salvatio* é a reunificação de todas as pessoas, judeus e gentios.
>
> O povo de Israel, por meio do seu arrependimento, se torna *ecclesia* [...]. A comunidade do Antigo Testamento se torna "nova Jerusalém, corpo de Cristo" (*Interpretatio* 20,4), enquanto nela entram também os gentios através do batismo [...]. A finalidade da descida do Verbo sobre a terra é a realização da nova economia (cf. *Interpretatio* 13,4).

Entra-se na Igreja para se tornar familiares ou íntimos do Evangelho, que tem a capacidade de fazer todas as pessoas iguais aos justos após terem sido assinaladas na fronte com o selo da pertença ao Verbo.

É dessa forma que Hipólito interpreta o versículo de Ct 2,10 ("Levanta-te, minha amiga, minha bela, e vem!"): "Vem, aproxima-te do Evangelho, a fim de te tornares igual às pessoas justas; aproxima-te para participares; mostra o teu ser cristão após a assinalação na fronte" (*Interpretatio* 19,2-3).

Uma familiaridade ou participação que não elimina, mas até fortifica, na Igreja as legítimas distinções. Com efeito, trata-se de uma afinidade que não desfaz a distinção entre as diversas realidades da Igreja, como o mesmo Hipólito especifica: "Quem são os que te amaram, senão as Igrejas? E quais são os que estão vestidos, senão os fiéis das Igrejas?" (*Interpretatio* 2,33).

---

[14] Ibidem, 118-119.

Segundo Meloni, a imagem do Cântico que resume o conjunto da interpretação é a de Ct 2,8 ("Uma voz! Meu amado! Eis, ele vem saltando sobre montes, pulando sobre outeiros"). Assim explica Hipólito:

> Cristo é o esposo que realiza sete saltos: do céu ao ventre da Virgem, da Virgem à cruz, da cruz aos infernos, da terra à ressurreição, da ressurreição à direita do Pai, da direita do Pai ao retorno sobre a terra para o juízo. Enfim, o salto do Verbo do céu à terra conclui-se com o salto que convida todos os homens para passar da terra ao céu (*verbum descendit ut homines ad coelum ascendere possent*) (*Interpretatio* 13,4).

Se o Verbo do qual se fala é simultaneamente o Filho de Deus, o Filho de Maria, a palavra dos profetas e o Evangelho, então, deve-se concluir que a metáfora do esposo atravessa cada uma destas referências, justificando aquela particularíssima relação entre o crente e a Palavra bíblica, que os Padres hebreus e cristãos descreveram muitíssimas vezes como um relacionamento esponsal.

Em um trabalho sucessivo, muito mais desafiante, Pedro Meloni[15] volta a falar da *Interpretatio* de Hipólito, acentuando, de um lado, um contexto mais amplo (o da inteira interpretação patrística do Cântico) e, de outro, uma finalidade mais estrita. Com efeito, concentra-se em um tema específico, o do "perfume da imortalidade", que considera, de alguma forma, a intuição sintética de toda a *Interpretatio*.

Hipólito afirma claramente os problemas fundamentais da teologia do seu tempo, utilizando justamente a linguagem do Cântico dos Cânticos. Porém, isto não o impede de desenvolver sua reflexão, acompanhando-a com certa linha polêmica antijudaica bastante evidente, que o leva a contrapor, quase a todo momento, a sinagoga à Igreja, sugerindo substituir a antiga esposa pela nova no *cubiculum* da consumação das núpcias.[16]

Uma polêmica bastante vivaz distingue a interpretação de Hipólito quando os adversários são os gnósticos. De resto, não se trata de uma novidade que os cristãos, desde os primeiríssimos tempos, tenham se servido das Escrituras

---

[15] Meloni, *I profumo dell'immortalità*.
[16] Cf. ibidem, 101.

para a pregação e a refutação das doutrinas errôneas.[17] Além disso, pode ser útil recordar que, justamente com Hipólito, nos encontramos diante do primeiro exegeta eclesiástico que confrontou os hereges gnósticos com as mesmas armas de uma exegese bíblica sistemática.[18]

1) Enquanto "a maioria dos escritores cristãos identificou a Sabedoria com o Filho e uma minoria (por exemplo, os gnósticos, além de Teófilo e Ireneu), com o Espírito Santo, para Hipólito o Espírito Santo é o inspirador dos livros de Salomão. Mas a Sabedoria, contudo, é pessoalmente o *Lògos*)".[19]

2) "Hipólito herdou de Teófilo de Antioquia e de outros apologistas a distinção entre o Verbo no interior do Pai e o Verbo enviado para fora. Contudo, enriqueceu a noção de um dinamismo total, no qual o itinerário do Verbo do Pai às pessoas humanas conserva outras etapas".[20]

3) Marcel Richard[21] sustentava que Hipólito fora uma personalidade significativa, tanto quanto Clemente de Alexandria e Orígenes, e igualmente conhecida.

4) Os numerosos escritos de Hipólito foram lidos por muito tempo e exercitaram um influxo durável, não obstante ter-se perdido muito rapidamente a recordação do autor.[22]

5) Hipólito ocupou lugar importante na história do Antigo Testamento. Parece ter sido o primeiro autor cristão a comentar continuamente algumas partes importantes da Bíblia. Tal empreitada foi imitada em grande estilo por Orígenes.[23]

---

[17] Ibidem, 100.
[18] Cf. ibidem, 100-101, em que Meloni releva, com referências explícitas, tanto do Oriente como do Ocidente, quanto estas primeiras tentativas de Hipólito devem à tradição exegética cristã.
[19] Cf. ibidem, 102.
[20] Cf. ibidem, 104.
[21] Cf. M. Richard, "Une paraphrase grecque résumée du Commentaire d'Hippolyte sur le Cantique des Cantiques", *Le Muséon* 77 (1964) 137-154. Aqui Richard publica o texto de um manuscrito grego descoberto em Oxford, em 1913, pelo Dr. A. Sovie, de Zagreb, que é claramente uma paráfrase do *Comentário* de Hipólito perdido no original grego. Do mesmo Richard é o artigo "Hippolite de Rome (saint)", no *Dictionnaire de Spiritualité*, vol. 7/I, Paris 1969, 531-571.
[22] Cf. Richard, "Hippolite de Roma (saint)", *o.c.* 531.
[23] Cf. ibidem, 545.

A INTERPRETATIO

Premissa

O Comentário ao *Cântico dos Cânticos* de Hipólito causa admiração, sobretudo, pela segurança com a qual o autor, desde a introdução, atribui a Salomão, *Spiritus Sancti ductu* (isto é, guiado pelo Espírito Santo), a previdência e o dom recebido de Deus de "escrever três livros a fim de que ficasse clara a graça do Pai, do Filho e do Espírito Santo" (*Interpretatio* 1,3).

Por exemplo, Hipólito escreve:

> No primeiro livro diz-se que o Pai é admirável e que a sua riqueza deriva da sabedoria; com o segundo livro se proclama ao mundo que por meio do Filho se vem a reconhecer o conjunto da obscuridade [da qual é constituída] a terra e se entra na compreensão das [mesmas] trevas; enfim, o terceiro [livro] é um canto de louvor pela alegria do Espírito Santo e de exultação pela consolação, mas também [um canto do] explícito conhecimento de Deus revelado a muitos (*Interpretatio* 1,5).[24]

Essa segurança em ler os três livros de Salomão como revelação no mistério da Trindade supõe a convicção de que o sucessor de Davi possui uma revelação particular. Com efeito, Hipólito sustenta abertamente que o autor dos três livros sapienciais tinha recebido o Verbo diretamente do magistério da graça e, portanto, sendo inabitado pela sabedoria, de fato era instrumento do Verbo que falava por seu intermédio para transmitir profeticamente às pessoas tudo aquilo que o Pai decidira revelar.[25]

Portanto, Salomão, ao escrever os três livros sapienciais, possuía o dom da sabedoria. Mas o que era esta *sapientia*? Ou melhor, quem era? Esta sabedoria – responde Hipólito – não era outro senão o próprio Cristo, e este é o Filho de Deus (cf. 1Cor 1,23-24). Ora, justamente esta sabedoria mostra, pela boca do

---

[24] "Quia primo libro Patrem admirabilem [esse] et opulentiam a sapientia [esse] et edictum; [secundo libro] terram congregationem tenebrarum per Filium cognosci et tenebras intelligi mundo [est] edictum; tertius, laudatio ad laetificationem Spiritus Sancti et ad exultationem, consolationis, et cognitio Dei apparens facta multis".

[25] "Magisterio gratiae est acquisitum verbum, et, sapientia cum eo habitante, non expers a Deo fiebat" (*Interpretatio* 1,2). "Quia Verbum per eum clamabat, quia ipsum sapientia erat et ostendebat ad nos quod volebat Pater donare Prophetis" (*Interpretatio* 1,6).

beato Salomão, a boa graça e o dom do Espírito Santo, que declama o cântico novo. Por que se fala do cântico novo? Simples, porque se anuncia o mistério da revelação.[26]

A lógica do discurso de Hipólito parece neste ponto suficientemente consequencial: os três livros escritos por Salomão contêm um anúncio profético do *mysterium revelationis,* porque o sucessor de Davi, tendo em si a sabedoria, adquiriu com isso o próprio *verbum,* o qual, sendo a *sapientia* personificada, manifestava dessa forma tudo aquilo que o Pai entendia dever anunciar aos seus Profetas por meio do Verbo.

"De resto, Salomão tinha composto e tido em mente – prossegue o autor da *Interpretatio* em 1,10 – cerca de cinco mil poemas[27] dos Cânticos. Ele os tinha escolhido e reunido *in unum* sob a inspiração do Espírito Santo desde tempos antigos para a utilidade comum" (*Interpretatio* 1,3). Estes eram destinados a quem, mais tarde, tendo se submetido à Igreja, os teria compreendido com sua especulação (cf. *Interpretatio* 1,13). Uma expressão com a qual Hipólito indica a *conditio sine qua non* da interpretação do Cântico dos Cânticos. O *mysterium revelationis*, anunciado enigmaticamente por Salomão em todos os três livros atribuídos a ele na Bíblia hebraica e reconhecidos como *mysterium absconditum* por excelência, tornou-se compreensível somente a quem se tornou membro da Igreja. Com efeito, somente quem tem essa possibilidade, graças à fé, está em condição de narrar as coisas pensadas desde os tempos antigos (*qui cum fide audire potentes sunt*)" (*Interpretatio* 1,16).

Resumindo em breves pontos-chave o conteúdo da introdução da *Interpretatio* de Hipólito, podemos aceitar:

a) a necessidade de colocar a leitura do Cântico dos Cânticos no interior dos livros atribuídos a Salomão pela Bíblia hebraica;

b) a confirmação de que, *magisterio gratiae* (por ensinamento gratuito) do Espírito Santo, o *verbum* contido na trilogia da qual se falou antes

---

[26] "Haec sapientia non quidem alia erat nisi Christus, et Christus est Filius; et quia ita est hoc, testificatur Paulus apostolus et dicit: 'Christum praedicamus potentiam Dei et Dei sapientiam' (1Cor 1,23-24)" (*Interpretatio* 1,8). "Nunc haec sapientia dicitur ex ore beati Salomonis, bonam gratiam (et) Spiritus donum edicentis in laudatione nova, quia dicebat laudationem novam adnuntians mysterium revelationis" (*Interpretatio* 1,9).

[27] Cf. 1Rs 5,12 segundo a Setenta. Poderia ser de certo interesse notar a coincidência entre estas afirmações da *Interpretatio Hyppoliti*, e isto é o que diz o *Zohar in Terumah* 145b, edição Soncino Press, vol. 4,12.

foi entregue a Salomão a fim de que fosse anunciada a graça do Pai, do Filho e do Espírito Santo;

c) a ideia de que cada um dos três livros atribuídos a Salomão revela um aspecto de todo o *mysterium revelationis*, em particular: os Provérbios, a peculiar e invisível graça do Pai; o Eclesiastes: a sabedoria, recebida *per Filium*, de que a terra é um conjunto tenebroso (*congregatio tenebrarum*); o Cântico dos Cânticos, o conhecimento dado a muitos (*cognitio Dei facta multis*) e o consequente canto de agradecimento (*laudatio*) pela alegria e consolação do Espírito Santo;

d) além disso, que o Cântico dos Cânticos não é outra coisa senão a coleta dos cinco mil poemas de Salomão, dos quais fala o primeiro Livro dos Reis (5,12, segundo a Setenta) e que foram selecionados desde a antiguidade para utilidade e edificação das pessoas que têm a possibilidade, graças à fé;

e) que as pessoas que estão em condição de escutar (*qui audire potentes sunt*) se identificam com as pessoas que, além de ser "*subiecti Ecclesiae*" pela fé, são também capazes de "especulação"; um termo que talvez pudesse ser mais adequadamente traduzido com a expressão técnica: "fazer alegorese";

f) que o contexto no qual Hipólito propõe a sua *Interpretatio* revela simultaneamente uma atmosfera anti-hebraica e uma clara reação apologética antignóstica.

A prática da exegese de Hipólito

Trata-se da prática da exegese de Hipólito com referência exclusiva a alguns textos propostos a título de exemplo. Desses trechos resulta uma série de indicações metodológicas que não são utilizadas sempre do mesmo modo, nem excluem a possibilidade de que outros versículos do *Cântico dos Cânticos* sejam interpretados com técnicas diversas das que parecem terem sido individuadas nestes versículos.

1. Ct 1,2a: *Osculetur me osculi oris sui*[28]

É claro que o versículo possui um significado diverso do que é estritamente literal. Hipólito procura este outro significado (que se pode definir como "alegórico"), perguntando-se quem é o sujeito; quem é o interlocutor do sujeito; qual é o objeto do qual se fala.

Surge uma imagem "alegórica" que identifica o objeto com o *populus*; o interlocutor com o *coeleste verbum*; o objeto com a *potentia Spiritus*.

Portanto, Hipólito relê o texto bíblico para esclarecer certo valor literal relativo à explicitação formal da imagem (*os ori coniungere*), porém para ser utilizada imediatamente em função de uma identificação de ordem tropológica ou moral: a conjunção "boca a boca" é o modo de receber a *potentia Spiritus*.

2. Ct 1,2b: *Quia pulchra sunt ubera tua plus quam vinum*

A interpretação deste versículo é uma espécie de corolário do que já foi esclarecido acima. Se o interlocutor foi identificado com o *"coeleste verbum"*, também os *"pulchra ubera"* devem dizer respeito a ele. A presença do plural *"ubera"* é, pois, providencial para falar alegoricamente de *"mandata"*.

A imagem do *vinum* (explicada pela dupla referência a Eclo 40,20 e às crianças lactantes *qui exugunt ex uberibus*) torna-se ocasião para oferecer uma síntese interpretativa do conjunto, seja em função antignóstica e, portanto, apologética, seja em função parenética, para levar o cristão a se tornar uma testemunha perfeita. Em tudo isso o autor utiliza sapientemente a alternância de singular e plural presentes no versículo.

3. Ct 1,2cd: *Et aroma unguenti tui plus quam permixta incensa et sicut aroma unguenti est diffusum nomen tuum*

O versículo é explicado quase exclusivamente a partir do adjetivo *diffusum*. O enorme espólio que o intérprete consegue retirar da atenção colocada

---

[28] Leve-se em consideração que os textos do Antigo Testamento são sempre uma tradução latina moderna dos textos gregos da Setenta utilizados por Hipólito.

sobre este adjetivo é devido a uma técnica de aproximação de imagens muito cativantes.

As imagens utilizadas pelo autor são retiradas da natureza e da história. Os resultados dizem respeito não somente ao campo das verdades de ordem teológico-dogmáticas, mas também às verdades de ordem simplesmente morais.

4. Ct 1,9: *Iumento meo in curribus Pharaonis assimilavi te propinquam istam*

A interpretação deste versículo parece um exemplo muito eloquente de exegese alegórica colocada a serviço da apologética. A tese preconcebida é a de demonstrar a insuficiência da simples pertença ao povo de Israel para conseguir a salvação.

O percurso metodológico, que aparece como o mais simples para o intérprete, foi o que interpretou *Iumentum meum, currus Pharaonis* e *propinquam istam*, como três metáforas assim especificadas: *iumentum* = apóstolos; *currus Pharaonis* = Igreja; *propinquam istam* = sinagoga.

A estas três metáforas acrescenta-se uma quarta, não presente no texto, mas extraída de dois textos do profeta Habacuc: *aquae agitatae* = povos pagãos.

O intérprete constrói o conjunto de sua proposta em torno destes elementos metafóricos, guiando-se pelo elemento comum presente quer no texto do Cântico, quer nos trechos retirados das referências do profeta Habacuc: a salvação.

Para que a interpretação seja mais clara e convincente, o intérprete permite-se operar uma pequena mudança no texto retirado do profeta Habacuc, lendo *prophetas* e não *equos* em Hab 3,15.

Tudo se conclui com a parênese: "Faze penitência, ó Sinagoga".

5. Ct 1,14: *Nardus sicut Cypri sororis filiolus meus in vineam Engaddi*

Pode-se definir o método utilizado por Hipólito para interpretar alegoricamente este versículo Ct 1,14 como "método de interpretação simbólica".

O exegeta respeita a comparação estabelecida pelo texto, mas prolonga-se em sublinhar o pluralismo das referências ao *nardus* e à *vinea Engaddi*, enten-

didos e desenvolvidos como símbolos para chegar a uma compreensão mais ampla do *sororis filiolus*.

A descoberta de que o *sororis filiolus* é o *Christus patiens* abre caminho para uma soteriologia cristocêntrica que se torna também um convite insistente para o ser humano subir ao céu.

Observações

Já nesta primeira brevíssima síntese pode-se observar que Hipólito não se separa jamais do pressuposto alegórico. Os métodos utilizados para evidenciar a alegoria escondida em cada texto podem ser os mais diversos; não se pode afirmar que ele privilegie alguns desprezando outros. Para a comodidade dos leitores, enumeram-se abaixo alguns, não sem antes chamar a atenção sobre três momentos fundamentais que articulam a interpretação, quais sejam: a leitura do texto-*typus*-alegoria-símbolo; a solução do *typus*-alegoria-símbolo; a aplicação teológica e parenético-moral.

Portanto, ao realizar este trabalho, o intérprete oferece:

a) esclarecimento sobre o sujeito, o interlocutor e o sujeito de um diálogo eventualmente presente no texto dado;

b) o valor de uma imagem no seu sentido próprio e literal;

c) uma observação atenta sobre a alternância ou, ao menos, sobre singular e plural;

d) um apontamento sobre a importância de determinado vocábulo passível de aprofundamento, tanto quando é definível como substantivo, verbo e adjetivo quanto quando pertença a qualquer outra forma gramatical;

e) o aprofundamento dos valores diversos de um vocábulo por meio da técnica da aproximação das imagens suscitadas por ele e conseguidas pela natureza dos textos sugeridos;

f) a dissolução de determinadas metáforas com o auxílio de outros textos escriturísticos, nos quais esteja presente um denominador comum, operando pequenas mudanças no texto confrontado, para tornar mais evidente uma interpretação já legitimada pela presença do sobredito denominador comum;

g) a releitura simbólica de determinados vocábulos particularmente ricos de significados para colocar em foco determinado sujeito-objeto do discurso feito;

h) a atenção constante ao objetivo teológico, apologético e parenético que pretende perseguir com sua exegese.

Após esta primeira rápida síntese, algumas conclusões parecem já suficientemente claras: Hipólito está convencido de que o texto do Cântico dos Cânticos tenha sido composto voluntariamente como uma *typorum similitudo* pelo mesmo Salomão, autor do poema inspirado, pelo qual a procura da alegoria (isto é, de um significado diverso daquele que aparece na superfície) corresponde sem sombra de dúvida ao único e preciso sentido entendido pelo autor bíblico (e que hoje se chama simplesmente "sentido literal").

O APROFUNDAMENTO DO TEXTO

Premissa

O nosso intérprete está convencido de que compreender este único e preciso sentido entendido pelo autor bíblico é apanágio exclusivo do *subiectus ecclesiae*.

Por isso, pode-se paradoxalmente afirmar que, para conseguir o conhecimento do sentido literal do texto bíblico, será preciso, de um lado, estar atento para não utilizar os múltiplos métodos de exegese de um texto se não procederem da fé; de outro, estar também consciente de que os frutos recolhidos com a aplicação dos métodos acima identificados são tão numerosos que se multiplicam proporcionalmente tanto aos problemas de fé provocados na comunidade dos crentes quanto aos progressos da fé da mesma exegese.

Portanto, não obstante o intérprete estar convencido de ter tido acesso ao sentido entendido pelo autor bíblico humano, na realidade demonstra que do autor humano tudo o que se pode dizer é que é um simples instrumento

"passivo" através do qual age a *"dynamis"* do Espírito. Resulta disso que, se o intérprete quer atingir o autêntico significado interior do texto que está examinando, deve possuir também a mesma *dynamis* do Espírito que agiu no autor bíblico humano. Além disso, Hipólito acrescenta que a autenticidade desse seu serviço é reconhecida somente se e até quando permanece um *subiectus ecclesiae*. Com efeito, somente nestas condições pode aceder àquela particular sintonia com o Espírito que o faz definir com precisão, juntamente com o hagiógrafo, um "inspirado".

Não é difícil concluir que ter ignorado o encontro dos amantes, que constitui a trama intrínseca da composição do Cântico dos Cânticos, para favorecer a exaltação da Igreja, envolveu uma substituição muito semelhante a que se operou no campo eclesiológico, quando se falou da substituição da sinagoga pela Igreja. Mas esta mentalidade, que permitiu desconsiderar o sentido literal e histórico do texto bíblico para favorecer o espiritual ou o "divino", não poderia ser um sinal daquilo que, mais tarde, se verificaria em uma parte conspícua da Igreja, na qual prevaleceria uma abordagem substancialmente "monofisita" da mesma fé cristã?

Hipólito estava perfeitamente consciente de inserir a mensagem do Cântico dos Cânticos no contexto global do *"mysterium revelationis"*. Contudo, pode-se perguntar: ele manteve tal precaução justamente no encontro amoroso entre o amante e a amada, do qual fala o texto e que consiste no ponto de partida, ou melhor, no pressuposto da descoberta do sentido entendido pelo Autor divino, que o havia conduzido à *significatio mysterii* e, portanto, à *voluntas Spiritus*?

Deve-se concluir que Hipólito, embora reivindicando a necessidade de recorrer, na sua exegese, à observação da natureza (plantas, animais, aromas) para ir à busca do sentido escondido em determinado texto, tenha-se abstido de considerar justamente a parte mais importante da "natureza", constituída pelo encontro "natural" dos amantes, que lhe teria permitido entrever os extraordinários horizontes do *admirabile commercium* da Encarnação do Verbo.

Ct 1,2 e o mistério do beijo

A propósito deste versículo (*osculetur me osculo oris sui quia pulchra sunt ubera tua plus quam vinum*), Hipólito escreve:

> Tem-se que deixar claro para as pessoas que procuram qual a vontade do Espírito (*quid sit voluntas Spiritus*) a que se refere o significado (*ad quid sit sensus*) e qual o mistério nele anunciado para os tempos futuros (*quaenam significatio mysterii futura*). Com efeito, aquilo que é escrito é modelo de um povo que pede que o Verbo celeste o beije, porque deseja colocar (*coniungere*) seus lábios em sua boca e, dessa forma, conseguir receber o poder do Espírito [Santo]. E diz: "*osculetur me osculo oris sui*", como se desejasse dizer: faze que adira em mim [tudo] o que ordenas com os teus preceitos, pois é de tua boca que brota o amor. Portanto, faze-me digno desta graça. E assim acrescenta: "*Meliora sunt mihi ubera tua plus quam vinum*". O texto deseja sugerir que, assim como o vinho alegra o coração do ser humano, também os mandamentos de Cristo alegram a pessoa. De fato, assim como as crianças que sugam as mamas das mães delas retiram o leite, da mesma forma todas as pessoas que chupam os mandamentos exarados pela Lei e pelo Evangelho, conseguem para si um alimento sempiterno (*Interpretatio* 2,1-3).

Meloni recorda[29] que o ensinamento visto como amamentação é um tema particularmente difuso nos Padres, na esteira de alguns textos precisos do Novo Testamento e do próprio Cântico dos Cânticos.

No trecho que acabamos de citar, Hipólito pergunta-se, substancialmente, três coisas que se resolvem, de fato, todas na explicitação daquilo que ele

---

[29] Cf. *Il profumo dell'immortalità*, 104. Meloni recorda 1Cor 3,2: "Leite vos dei por alimento, e não comida sólida, porque não a podeis suportar, nem ainda agora a podeis" (*Tamquam parvulis in Crhisto, lac vobis potum dedi*); 1Pd 2,2: "desejai como meninos recém-nascidos o puro leite espiritual, a fim de por ele crescerdes para a salvação" (*Quasi modo geniti infantes, rationabile, sine dolo lac concupiscite, ut in eo crescatis in salutem, si tamen gustatis, quoniam dulcis est Dominus*); Hb 5,12-14: "Porque, devendo já ser mestres pelo tempo, ainda necessitais de que vos torne a ensinar os princípios elementares dos oráculos de Deus, e vos haveis feito tais que precisais de leite, e não de alimento sólido. Ora, qualquer que se alimenta de leite é inexperiente na palavra da justiça. Pois é criança; mas o alimento sólido é para os adultos, os quais têm, pela prática, as faculdades exercitadas para discernir tanto o bem como o mal" (*Etenin cum deberetis magistri esse propter tempus rursum indigetis ut vos doceamini quae sint elementa exordii sermonum Dei et facti estis quibus lacte opus sit non solido cibo. Omnis enim qui lactis est particeps expers est sermonis iustitiae parvulus enin est. Perfectorum autem est solidus cibus eorum qui pro consuetudine exercitatos habent sensus ad discretionem boni ac mali*); além disso, fala-se ainda do leite em Ct 4,11: "Os teus lábios destilam o mel, noiva minha; mel e leite estão debaixo da tua língua" (*Favus distillans labia tua, sponsa; mel et lac sunt lingua tua*); e em Ct 5,1: "Venho ao meu jardim, minha irmã, noiva minha, para colher a minha mirra com o meu bálsamo, para comer o meu favo com o meu mel, e beber o meu vinho com o meu leite"; (*Veni in hortem meum, soror mea, sponsa [...] comedi favum melle meo; bibi vinum meum cum lacte meo*).

define como *typus populi*: o *sensus* do versículo; a *significatio mysterii*; a *voluntas Spiritus*. Dessa forma nos damos conta, imediatamente, de que a preocupação de Hipólito parece se dirigir não tanto a esclarecer o *sensus* puro e simples do versículo, mas principalmente ao *ad quid sit sensus*. Ele está convencido de que o versículo diz respeito a outra coisa diversa de si e, portanto, que impõe uma *speculatio* apropriada, que conduza à *significatio mysterii* reservada a um tempo futuro (*futura sint*) no qual a *voluntas Spiritus*, contida tipologicamente nesta primeira expressão do Cântico, poderá finalmente dizer-se completa.

Esse salto imediato na *speculatio*, ou, melhor dizendo, desconsiderado, permite ao hermeneuta Hipólito definir sem nenhuma incerteza não somente o sujeito da *osculetur* iniciado no versículo em questão, mas também o interlocutor e o objeto exigidos na invocação.

A *speculatio* procurada comporta a aproximação do *qui precatur* ao povo e do *caeleste verbum* ao interlocutor, de tal forma que o objeto de tudo seja a *potentiam Spiritus*. Com essa operação, Hipólito pode agora individuar de forma mais apropriada o sentido metafórico da expressão: *os ori coniungere vult*, explicando que o querer colocar a boca sobre a boca, típico do desejo de um beijo, explica perfeitamente o acolhimento da *potentiam Spiritus*.[30]

Desenvolvimento do sentido

A continuação que se refere a Ct 1,2b (*quia pulchra sunt ubera tua plus quam vinum*) permite maior articulação.

Sem prejuízo de tudo o que foi dito até aqui, Hipólito retorna à parte inicial do versículo no qual havia explicitado que o interlocutor do qual se fala é o povo. Isto comporta, prossegue então Hipólito, que os mandamentos que lhe são dirigidos provêm daquela boca particular, que é o Verbo celeste. Portanto, tais preceitos não podem ter outro objetivo senão o amor.

Resulta então a prece, ou melhor, o pedido por parte do povo, de ser digno do dom. Daí resulta também o elogio da qualidade particular do mesmo dom que está na origem do mesmo pedido: "Imprime em mim [tudo] isto e tor-

---

[30] Talvez exista neste trecho uma referência explícita a Gn 2,7 ("e soprou nas suas narinas um sopro de vida; destarte o ser humano tornou-se um ser vivente").

na-me digno, porque os teus seios [são] mais belos [saborosos] que o vinho" (*Interpretatio* 2,3).

Ao interpretar esta segunda parte do versículo, Hipólito se auxilia, referindo-se quer a Eclo 40,20 (*sicut laetificat vinum cor*), quer à imagem tão comum de crianças que sorvem o leite dos seios da mãe, mantendo imediatamente uma e outra referência em proveito da sua *speculatio*, destinada a insinuar uma referência precisa ao mandamento de Cristo que traz alegria, assim como o vinho alegra o coração humano, e a lembrar que as crianças são um convite a imitar as pessoas que buscam um alimento imperecível, sorvendo as ordens extraídas dos Mandamentos e do Evangelho.

A conclusão parenética é óbvia: "Como [dois] seios em Cristo são as duas Leis (o Antigo e o Novo Testamento) e este leite são os mandamentos da Lei, procura, pois, sugar o leite dos seus seios, a fim de que tu possas crescer e se tornar uma testemunha perfeita" (*Interpretatio* 2,3).

Não se pode deixar passar a intenção implícita no autor de acentuar a unidade indestrutível dos dois Testamentos. Com efeito, não é nenhum pouco casual que *o uber in Christo* (no singular) resuma em si *duae leges* (no plural), nem é por acaso repetido o jogo de singular e plural no *mandata Legis* e no *suge ex uberibus lac*. A hipótese teológica e metodológica que estão subjacentes a elas e que podem parecer simples particularidades estilísticas a ser verificadas, se fosse possível no original, poderia ser simplesmente a de sublinhar que a autenticidade do crescimento e da perfeição do cristão e da cristã se dá unicamente e a partir da aceitação da unidade em Cristo dos dois testamentos.

Ct 1,3 e a inefável economia trinitária

Se até este momento o *Cântico dos Cânticos* ofereceu a Hipólito a ocasião oportuna para descrever o desejo do povo de receber o beijo dos mandamentos unificados em Cristo e poder, dessa forma, crescer e tornar-se testemunha perfeita, a *speculatio* pretende, neste momento, prosseguir no aprofundamento do texto a fim de deixar entrever a janela aberta sobre o inefável mistério da economia trinitária.

Afirma o texto de Ct 1,3: *Desiderabilia sunt ubera tua plus quam vinum, et aroma unguenti tui plus quam permixta incensa.*

O intérprete pergunta-se retoricamente: o que é o unguento perfumado de Cristo, senão a sua palavra?

A palavra é certamente uma realidade mais preciosa que o incenso. Com efeito, assim como as misturas de diversos incensos propagam o perfume, assim também a palavra que saiu do Pai alegra os ouvintes.

> *Perfume difuso de unguento é o teu nome.* Quão extraordinária é a *nova dispositivo* dos mistérios anunciados pelo Espírito Santo! Não teria sido suficiente dizer: "Unguento perfumado é o teu nome", em vez de que dizer: "Perfume difuso de unguento é o teu nome"? Não. Porque um recipiente não permite sair o perfume nele depositado enquanto estiver fechado, embora tenha a potencialidade. Porém, após aberta a tampa, o perfume se espalha, impregnando com seu cheiro tanto quem estiver perto ou longe. Assim aconteceu com o Verbo (Palavra).
>
> Porque o Verbo, presente no seio do Pai, não saiu, não trouxe alegria para nenhuma pessoa. Porém, quando o Pai deixou sair o jato do aroma (*spiritum aromatis*), a palavra difundiu a sua alegria em todo o mundo (*diffudit verbum laetificationem omnibus*). Quão grande é a bondade de semelhante perfume, que se espalha a ponto de encher o mundo inteiro! [Talvez] seja por esta razão que o texto afirma: "*Unguentum aromatis diffusum nomen tuum*". Como se afirmasse: foi aberto o vaso da alegria, isto é, a mesma boca do Pai, e a palavra santa, revelando o seu perfume, agora o difunde até o céu. É este o perfume que penetrava em todos. É deste perfume que era inspirado o canto dos profetas. As pessoas justas possuíam tal perfume. As pessoas videntes eram raptadas por ele para o Reino dos Céus. Este é o bom perfume que acumulavam em suas vidas, para dele poder encher o mundo inteiro.

Claramente para Hipólito o versículo do Cântico dos Cânticos é um pretexto para voar em direção da contemplação do *novo dispositivo* dos mistérios maravilhosos preanunciados pelo Espírito Santo. Mas, para realizar isso, ele sente a exigência de participar de um ulterior aprofundamento exegético para proceder à *speculatio*.

Destarte, o adjetivo *diffusum*, que o texto bíblico acrescenta ao *aroma unguenti* sem nenhuma necessidade aparente, torna-se, para Hipólito, a justificativa de uma interpretação claramente alegórica para recordar que também a mistura mais complexa que se consiga fazer dos diversos incensos não poderá jamais ser mais perfumada que a fragrância de Cristo.

A *dispositivo*, a qual fazem referência as palavras do texto, não é somente *nova* no nível simplesmente quantitativo. Antes, ela indica uma novidade assaz verdadeira, pois deve-se a um acontecimento, este sim, completamente novo e inaudito, pertencente à *dispositio mirabilium mysteriorum* pregada pelo Espírito Santo.

Com efeito, no simples adjetivo *diffusum*, justaposto a *unguentum aromatis*, esconde-se o anúncio do *egressus* do *Verbum* da boca do Pai e, portanto, do início de uma história nova de alegria e de júbilo para a humanidade.

Um exemplo, ou comparação, torna ainda mais clara esta novidade: um recipiente não permite sair o perfume nele depositado enquanto estiver fechado, embora tenha a potencialidade. Porém, após aberta a tampa, o perfume se espalha, impregnando com seu cheiro tanto quem estiver perto ou longe. O mesmo aconteceu quando o *Verbum* foi enviado pela boca do Pai.

A comparação facilita a resposta a uma objeção repetida muitas vezes pela cultura pagã: é possível que uma coisa "nova" possa ser "verdadeira"?[31] Com efeito, o Verbo, que sempre esteve no seio do Pai, começou a alegrar o mundo apenas quando o Pai decidiu emitir de sua boca o *spiritum aromatis*.

A intenção apologética não podia ser mais clara. Mas o contexto e a forma com a qual o autor da *Interpretatio* coloca e desenvolve a sua teologia trinitária possuem conotações altamente simbólicas, compreensíveis somente caso se permaneça no interior da problemática teológica que lhe é contemporânea. Fora dessa problemática, as suas soluções parecem certamente parciais. Um risco que o autor da *Interpretatio* corre ao dar maior atenção a um termo aparentemente inútil ou secundário (um adjetivo, na verdade) em todo o versículo que deseja comentar. Porém, deve-se constatar que o intérprete corre conscientemente tal risco, pois está convencido de que possa confirmar uma intuição teológica que lhe é estranhamente importante: a passagem do *logos endiathetos* ao *logos prophorikos*!

---

[31] Cf. G. Bardy, *La conversione al cristianesimo nei primi secoli*, Jaca Book, Milano 1981 [1947] 181ss.

Com efeito, não é o sentido óbvio ou literal do texto que interessa a Hipólito, mas o *ad quid sensus*. E não existe dúvida de que, para o *subiectus Ecclesiae*, identificado com o hermeneuta legítimo do texto, o *ad quid sit sensus* receba uma resposta adequada unicamente com a referência ao *mysterium* trinitário para o qual tendem os versos do Cântico dos Cânticos.

Os exclamativos repetidos: *O nova dispositio, O bonitas aromatis, O nova mysteria*, (muito paulinos tanto na forma como no conteúdo) dão a medida do contexto de prece (pode-se dizer de "contemplação") na qual a *Interpretatio Ippoliti* é desenvolvida.

De fato, a continuação do comentário, unido ao trecho que foi por nós reportado, torna-se, neste ponto, nada mais nada menos que uma *narratio* estática do *unguentum aromatis*, o qual, expandindo-se ao redor, permeia o mundo inteiro, enchendo-o de alegria.

É o perfume de Pentecostes (*implebat omnes*), o perfume das pessoas justas e dos profetas, o perfume das pessoas que fizeram violência ao Reino de Deus (mártires?), o bom perfume acumulado (pelas pessoas santas) na própria vida para preencher com ele o mundo todo.

Hipólito parece particularmente afeiçoado à imagem do perfume, que do alto do céu se expande, permeando todas as pessoas com a presença de Cristo. Com efeito, *aroma unguenti a Patre (emissum) Christus (est)*, declara, e acrescenta: "O teu nome é *spiritus aromatis diffusus*".

Neste ponto, Hipólito se lança a compor uma riquíssima antologia de *testimonia* ou referências intercaladas de uma exortação da qual se oferecem alguns exemplos:

> Foi infuso no ventre (*infusum est in ventre*) e operou o nascimento de um homem novo, foi colocado sobre as águas e purificou-as, foi efundido sobre os pagãos [...], foi efundido sobre Israel. Este unguento, ó diletos, é a fonte do Evangelho que escorre sempre e jamais seca (*fons evangelii est, et semper editur et ipsum sibimet non deficit*) (*Interpretatio* 2,8).

> [Por isso,] ó homem, acolhe este vaso. Vem e aproxima-te a fim de que possas encher-te deste unguento; recebe este unguento precioso [...]. Não faças como Judas, a fim de que não sejas colhido pela tristeza, mas coloca Cristo com a fé sobre a tua cabeça e te tornarás herdeiro (*Interpretatio* 2,8).

O intérprete prossegue:

Noé amou este perfume. Por isso foi purificado e salvo com a arca [...]. Abraão cobiçou este perfume e teve pressa de sair da terra dos Caldeus a fim de entrar na posse da herança [...]. Também a beata Virgem Maria concebeu a Palavra enamorada deste unguento (*de hoc unguento cupida facta beata Virgo Maria verbum concipiebat*) (*Interpretatio* 2,9).

Toda a história da salvação não é outra coisa para nosso intérprete senão fruto do "perfume difundido pela boca do Pai", e esse aroma produz alegria e novidade de vida em todas as partes. É *"Verbum"*, *"Christus"*, *"nomen tuum"*, *"fons evangelii"*, porém também outra coisa ou alguém que, fazendo enamorar de si as pessoas justas, permite-lhes não somente ser colocadas à parte da salvação e da herança, mas até mesmo, como no caso de Maria, a *beata Virgo*, conceberem em seu seio o mesmo Verbo.

Trata-se, em todo caso, da realização daquela união mística desejada e invocada pela esposa do Cântico dos Cânticos com o seu primeiro suspiro de enamorada: *osculetur me osculo oris sui*.

Observações

Daquilo que se pode compreender, parece claro que a chave hermenêutica da qual se serve Hipólito para abrir o texto é simplesmente o evento Cristo.

Para o autor, não existem dúvidas a respeito. Com efeito, se este princípio ruísse, cairia também a inteira construção da *Interpretatio*. Mas este princípio está indissoluvelmente ligado à fé cristã.

Recordem-se as solenes afirmações do prólogo: "Isto é compreensível somente para as pessoas que estão sujeitas à Igreja" (*Interpretatio* 1,13), ou ainda, e de forma mais precisa: "Esta sabedoria não é outra senão Cristo, e este é o Filho" (*Interpretatio* 1,8), expressão esta que é uma autêntica confissão de fé. Porém, uma fé fundada solidamente sobre a tradição apostólica, a qual é garantida a todos pela autoridade de Paulo: "Que as coisas estão assim o confirma Paulo" (*Interpretatio* 1,8). A referência ao apóstolo corta qualquer objeção pela raiz.

Portanto, toda a leitura do Cântico dos Cânticos levada adiante por Hipólito é compreensível somente no interior de uma comunidade para a qual a única coisa importante é o evento Cristo e o Novo Testamento, tal como é testemunhado pela tradição apostólica.

De fato, um princípio semelhante, aplicando-o à Igreja, perturba e inverte tudo aquilo que Israel havia compreendido sobre o livro. Dessa forma, o intérprete está seguro de que não lhe parece de forma nenhuma estranha propor teses substitutivas que são condivididas pela grandíssima parte dos autores cristãos seus contemporâneos. De fato, com Hipólito, parece que a teologia da substituição já faça parte verdadeiramente do ensinamento comum da comunidade da Igreja.

UM EXEMPLO DE ENSINAMENTO QUE SUPÕE A "SUBSTITUIÇÃO"

Ct 1,9: Iumento meo in curribus Pharaonis assimilavi te, propinquam istam

O intérprete Hipólito escreve a respeito de Ct 1,8: (*Si non nota eris tu, pulchra iter mulieres*). "Se não te converteres com todo o coração e não confessares os teus pecados, não poderás sentir-te justificada. Se não fores reconhecida, ó bela entre as mulheres, tu que te gloriavas e cantavas: *Nigra sum ego et pulchra; peccatrix sum, dilecta autem sum*, de nada te servirá esta dileção (*dilectio ista*), pois Deus pode suscitar filhos a Abraão também das pedras" (*Interpretatio* 7,1-2). "Se não conheces a ti mesma e não fazes penitência, então, Abraão certamente será salvo, mas tu não tirarás disto nenhuma vantagem; com efeito, a descendência [de Abraão] é de auxílio somente para a pessoa que tem fé" (*Interpretatio* 7,2).

Referindo-se, pois, a Ct 1,9, acrescenta:

Observai a nova graça da economia. O jumento provinha do povo, como os santos apóstolos que foram afastados (*dimissi*) [do povo de Israel], a fim de que percorressem o mundo como cavalos presos ao carro dos gentios (*congregatio gentium*) (*Interpretatio* 8,2).

Ó cavalos maravilhosos que, correndo, conquistaram a região das pessoas justas sem o brilho das espadas e não realizaram as suas conquistas com as guerras, mas evangelizaram o universo inteiro com a paz! (*Interpretatio* 8,4).

Estes dóceis cavalos, embora privados de auriga, foram reencontrados [capazes de dirigir o carro] na direção justa, em harmonia entre eles, pois se faziam dirigir pela caridade como cabrestos e aceitavam o jugo da fé, anunciavam o mistério da pregação dos quatro evangelistas, como se fossem estes as quatro rodas dos carros, difundiam a palavra [boa] guiadora do carro, levando a termo a corrida com justiça, construíam o mundo com [as medidas dos] doze e conclamavam a recolher ao seu redor todos os povos como [se recolhem e se acalmam] águas borrascosas. Que fórmula tiveram aqueles cavalos santos! Com efeito, as rodas [dos seus carros] eram inseridas em outras rodas, a fim de que o seu Evangelho estivesse ligado à Lei antiga (*Interpretatio* 8,5).

A este carro estão inseridas aquelas rodas que não tinham necessidade de voltar atrás, pois possuíam o espírito do ser vivente. Com efeito, Ezequiel permite compreender que no Evangelho estava presente um espírito tão cheio de olhos que convoca a multidão dos povos por meio dos mandamentos (*Interpretatio* 8,7).

Ora pertence aos cavalos [da Igreja também] este justo, [isto é, Salomão, autor do Cântico dos Cânticos] e por isso ele guia dizendo: "*Iumentum istud meum in curribus Pharaonis assimilavi te, propinquam istam meam*" (*Interpretatio* 8,8).

A bizarra linguagem metafórica de um dos versículos mais difíceis do Cântico dos Cânticos possuía, segundo Hipólito, uma finalidade bem precisa e que se revela claramente na conclusão: convidar urgentemente os membros da sinagoga para fazer parte da Igreja. Este é um exemplo não somente de interpretação alegórica colocada a serviço da apologia, mas também de uma espasmódica tentativa de tornar cada mínimo passo da Bíblia uma ocasião para confirmar a incapacidade da sinagoga de garantir a salvação aos seus membros.

A intenção apologética era extremamente clara já no comentário a Ct 1,8, no qual se deduzia que a pertença a Israel segundo a carne não serve praticamente para nada, se não se lhe acrescenta o "sinal distintivo" da fé em Cristo, acompanhada pela conversão do coração e pela confissão dos pecados.

Porém, Hipólito, referindo-se a alguns textos do Novo Testamento, sente-se agora autorizado a ultrapassar este ponto, declarando simplesmente nula a escolha privilegiada de Israel que Deus fez um dia ao eleger Abraão, quando escreve: "Este teu amor não serve de nada. Pois Deus pode suscitar das pedras filhos de Abraão" (cf. Mt 3,9; Lc 3,8).

Na realidade, o nosso intérprete é uma testemunha ulterior da incompreensão da função do povo de Israel na economia da salvação, que se estende e se afirma de modos sempre mais claros à medida que a Igreja se enriquece com a presença numérica mais maciça de fiéis provenientes do paganismo.

Portanto, os Padres da Igreja pertencentes à geração de Hipólito sentiam a necessidade de reivindicar, de um lado, a identidade de ser o povo do Novo Testamento e, de outro, de evitar cair na solução simplista de ignorar totalmente o Antigo Testamento, como propunham alguns gnósticos contemporâneos deles.

As pré-compreensões de Hipólito

Algumas mudanças, muitas vezes mínimas, operadas pelo intérprete cristão no decorrer da sua exegese sobre este versículo, pressupõem uma atmosfera de teologia substitutiva bastante presente. Assim, por exemplo, introduzindo o seu comentário, Hipólito utiliza o vocábulo *popule*, que, nos textos proféticos, está sempre acompanhado do possessivo *mio*, ignorando este último ou o retirando sistematicamente; técnica que lhe serve, obviamente, para rebater que aquele adjetivo possessivo é, agora, prerrogativa justamente de outro povo, isto é, como veremos, da Igreja.

Com efeito, o vocabulário interpretativo da alegoria pressupõe esta série de indicações:

a) *Iumentum(a)* = os apóstolos: *iumenta, apostoli dicuntur*;
b) *Currus Pharaonis* = *congregatio gentilium-ecclesia; currus est congregatio gentilium*;
c) *aquae undis agitatae* = gentes: *agitatio [est] gentium multarum quae sicut aquae undis agitatae*;
d) *Iumentum e populo*: os bem-aventurados apóstolos [e *populo dimissi*];
e) *Iumentum alligatum*: os apóstolos ligados aos carros da Igreja [*alligati ecclesiae curribus*].

Desde o início da sua *Interpretatio*, o autor é muito explícito, efetivamente, em provocar Israel, quando escreve:

> Ó povo, se te converteres, somente então te considerarei minha posse como [aquele] meu cavalo que foi atrelado aos carros do Faraó, uma vez que naquele tempo se podia falar de honra do cavalo para o rei Salomão e de honra do carro para o Faraó. E como um e outro são belos e soberbos na sua corrida, assim também tu serás belo se te converteres.[32]

Segundo Hipólito, a promessa que aparece tantas vezes nos profetas (*et erunt mihi in populum et ego ero illis in Deum*),[33] se realiza somente se Israel aderir à Igreja, subindo ao carro dos gentios.

A unidade dos dois Testamentos

O intérprete sente-se feliz por ter estabelecido, com sua pré-compreensão, a melhor estrada para confirmar a unidade dos dois Testamentos. Não se dá conta, porém, que a única motivação que oferece é dada pela referência ao carro da Igreja puxado por jumentos, que pertencem exatamente, segundo a carne e o sangue, ao povo de Israel: "Porque os jumentos provinham do povo de Israel, como os bem-aventurados apóstolos, enviados como jumentos a percorrer o mundo" (*Interpretatio* 8,2).

Por ora lhe basta somente ter descoberto que a incompreensão de Jesus por parte de Israel foi providencial. Com efeito, tal incompreensão permitiu que os apóstolos se espalhassem pelo mundo inteiro, justamente como havia intuído Paulo.

Com efeito, a expulsão da sinagoga fez com que o conjunto dos povos pagãos fosse transportado às alturas do céu. Destarte, realiza-se a *iusta dispositio* já anunciada no Antigo Testamento pelas misteriosas palavras da profecia de Habacuc: "*Emisisti prophetas tuos et agitavisti aquas multas*" (Hab 3,15), e

---

[32] Cf. o texto grego de Richard: "*Une paráphrase grecque*", 147.
[33] Cf. Ex 6,7; 19,5; Jr 7,23; 11,4; 31,1; Ez 11,20; 36,28; 37,23.27.

ainda: *"Ascendisti in currus tuos, et equitatus tuus vita est mundi"* (Hab 3,8) (cf. *Interpretatio* 8,3).

O procedimento exegético que permite semelhantes deduções pode se revelar bastante interessante.

A busca da interpretação apropriada

A nota dominante da interpretação é dada pelo pressuposto de que não somente o Cântico dos Cânticos mas o conjunto dos livros do primeiro Testamento (sobretudo os livros dos profetas) contêm um mistério que é revelado apenas por uma leitura alegórica em sentido cristão e por uma interpretação apropriada da metáfora bíblica realizada no horizonte de toda a história da salvação.

Com efeito, Hipólito esforça-se sistematicamente por interpretar o texto de modo tal que coloca em foco simultaneamente o conjunto e cada parte singular, convidando o leitor a segui-lo neste duplo caminho.

Na realidade, a interpretação desenvolve-se toda a partir de duas metáforas fundamentais: a do *iumentum* e a do *currus Pharaonis*, às quais Hipólito acrescenta uma terceira: a das *aquae agitatae* (não presentes em Ct 1,9), pois lhe serve para deixar entrever no texto bíblico uma implícita referência à epopeia do Êxodo e, dessa forma, expandir o sentido do texto, englobando o acontecimento bíblico por excelência da travessia do mar em Ex 14,19-31.

Cada uma das passagens do procedimento

1) O autor recupera, antes de tudo, um texto profético que tem bastante autoridade, de modo a se tornar ponto de partida sólido da interpretação. No caso específico, trata-se de dois versículos do profeta Habacuc, traduzidos por Garitte a partir do texto grego dos Setenta e que lhe parecem extraordinariamente apropriados: *"Viam fecisti in mare equis tuis"* (3,15) e *"qui ascendes super equos tuos, et quadrigae tuae salvatio"* (3,8).

2) Estabelece uma correspondência entre os vocábulos de Habacuc e vocábulos aparentemente com o mesmo campo imaginativo ou semântico do Cântico dos Cânticos que pretende comentar.

3) Chega, em um terceiro momento, ao cavalo do carro do Faraó, do qual fala o Cântico dos Cânticos (1,9), aos *equis tuis/equos tuos*[34] e às *quadrigae tuae* do texto profético.

4) Desse modo, propõe a sua interpretação, na qual, referindo-se ao campo semântico do tracionamento do carro por ação dos cavalos ou dos jumentos, entrevê nestes últimos uma metáfora dos apóstolos (*Iumenta [quae] apostoli dicuntur*) e no contexto de sua tração, a Igreja dos gentios (*currus [qui] est congregatio gentilium*).

A intuição que está na base de toda a interpretação é dada pela possibilidade de poder dissolver a metáfora de *iumenta, equi, equitatus*[35] com referência aos apóstolos e a metáfora do *currus* com referência à Igreja ou a *congregatio gentilium*.

Estabelecidas, como uma espécie de nota de fundo ou baixo contínuo, estas duas interpretações fundamentais, todo o resto torna-se um entrelaçamento de motivos musicais que surpreendem o leitor e, enquanto o elevam à contemplação dos acontecimentos fundamentais da *historia salutis*, confirmam a validez da interpretação que já foi feita.

Destarte, Hipólito pode concluir que os apóstolos trouxeram a salvação aos pagãos, congregando-os (*congregatio*) na *ecclesia* e permitindo-lhes subir às alturas celestes (*in gradus coeli*), mudando a sorte reservada aos cavalos do faraó, que, ao contrário, tinham submergido nos abismos do mar.

Portanto, os apóstolos buscaram a salvação de Israel porque, diferentemente dos *equi* ou do *equitatus* do Faraó, foram capazes de percorrer a estrada aberta pelo Senhor em meio ao mar (Hab 3,15), deixando-se docilmente cavalgar por Ele (Hab 3,8), como fora profetizado pelo profeta Habacuc.

---

[34] Garitte traduz com *equitatus tuus*, mas não se sabe se o faz ou não por fidelidade ao texto georgiano equivalente.

[35] Cf. C. Valenziano (a cura di), *Bestiario biblico di Paolo Cultrera*, Libreria Editrice Vaticana, Città del Vaticano 2000.

Sendo assim, o estupor que acontece pode legitimar as exclamações laudativas presentes desde o início da contemplação do texto: "Ó grandeza dos mistérios e da verdade que nos foi justamente anunciada" (*Interpretatio* 8,1).

"Os mistérios" e a "verdade a nós anunciada" não são outra coisa senão o mesmo conteúdo da revelação cristã, que é a salvação que a Igreja trouxe a todos.

Com efeito, a verdade revelada enigmaticamente a Salomão em Ct 1,9 (*"Iumento meo in curribus Pharaonis assimilavi te, propinquam istam"*) coincide, na interpretação de Hipólito, com tudo aquilo que foi proclamado pelo Novo Testamento (cf. Ef 1–3) e que pode ser sintetizado parafraseando-se Ef 3,5-6: "[O mistério] foi revelado pelo Espírito aos seus santos e profetas [...] os pagãos são co-herdeiros e membros do mesmo corpo e coparticipantes da mesma promessa, em Cristo Jesus, por meio do Evangelho".

Assim a exortação pode concluir-se com este convite insistente:

Portanto, faze penitência, ó Sinagoga, para que, tu também, possas falar de Cristo. Talvez tu também possas te tornar uma égua, capaz de correr velozmente no mundo como Paulo, ou de ser pastor como Pedro. Dessa forma, também tu aparecerás justa graças a Cristo, e discípula afortunada. Serás reconhecida, também tu, como um dos cavalos inefáveis (*Interpretatio* 8,8).

UM EXEMPLO DA CENTRALIDADE DO MISTÉRIO DE CRISTO NA HERMENÊUTICA DE HIPÓLITO

Uma breve premissa

Fala-se desta intuição teológica de Hipólito tendo como referência o horizonte suposto pela sua interpretação de Ct 1,14, que diz assim: *Nardus sicut Cypri sororis filiolus meus inter vineam Engaddi*.

Como já se falou, o evento Cristo é a chave hermenêutica da qual se serve Hipólito para abrir o texto do Cântico dos Cânticos. Certamente isto significa que todos os fatos e todo o ensinamento evangélico que diz respeito a Jesus de Nazaré são considerados "solidamente" como partes essenciais da mesma chave.

Existem, porém, fatos e palavras que dizem respeito à pessoa de Jesus e que têm prioridade com relação a outros. Especialmente entre os fatos, alguns são mais fundantes que outros. Na realidade, Hipólito parece querer sublinhar uma intenção particular desejada pelo Espírito na inspiração do Cântico dos Cânticos com relação a três "acontecimentos" particulares referentes à pessoa de Jesus de Nazaré.

Eles são: a sua geração antes do tempo pelo coração/seio do Pai; a sua geração dentro do tempo no seio de Maria; a crucifixão-morte-ressurreição do Filho de Deus encarnado.

Referindo-se ao comentário de Hipólito sobre Ct 1,2, já se acenou à dupla geração do Verbo no coração/seio do Pai e no ventre de Maria; agora se procura completar as referências ao mistério de Cristo, deixando-se conduzir pelo mesmo Hipólito na descoberta do conteúdo pascal do Cântico dos Cânticos, que, para o nosso intérprete, constitui, de alguma forma, o próprio coração do Cântico dos Cânticos.

Aberturas sobre o mistério de Cristo

Hipólito escreve:

Deve ser verdadeiramente grande a beleza de Chipre se puder ser comparada de forma apropriada à vinha de Engadi. Com efeito, Engadi é uma localidade da Judeia onde se encontra o bálsamo; nessa região as vinhas são sustentadas pelas árvores. O bálsamo retirado figurativamente daquelas árvores produz unguento [perfumado]. Ora, dizendo *sororis filiolus in vinea Engaddi*, o texto ensina precisamente isto: o forte, sofrendo sobre o lenho e sendo transpassado sobre este lenho, exala um perfume semelhante ao do bálsamo. Assim, Cristo exalou seu perfume ao mesmo tempo que as palavras saíam de sua boca.

Ó meus caros, enquanto os cachos da videira permanecem acima do lenho e não são esmagados, não exalam seu perfume; mas quando são cortados pelo facão do trabalhador, imediatamente lacrimejam. Também Cristo, com efeito, chorou pelo povo e poderia tê-lo ajudado, exalando o perfume da misericórdia;[36] em vez disso,

---

[36] Cf. o texto grego de Richard: "Une paraphrase grecque", 148.

foi esmagado no lenho, como se faz com a videira para poder expelir o perfume bom do unguento.

A palavra, ó meus caros, habitou no corpo e ele, grande como era, manifestou-se como pequeno, para que pudesse ser visto. Desse modo mostrava a nova graça da economia (*salutis*). Rico, fez-se pobre por nós, a fim de que pudéssemos nos tornar ricos com as suas riquezas.

Ora, a partir deste momento, meus queridos, este [homem], pregado ao lenho, revelou-se bom perfume de unguento. Humilhando a si próprio, proclamou diretamente às pessoas a palavra e [assim], naquele tempo, encheu [de graças] os homens. O perfume foi difundido, a fim de que se manifestasse a benevolência da economia (*salutis*) portadora de alegria, justamente pela efusão do perfume do unguento. Com efeito, [aquele perfume], saído do coração do [eterno] Pai, trouxe a bela notícia para a terra.

Ele é o mesmo que foi elevado da terra, apareceu como perfume de unguento e convidou a se apressar a ir para o céu. Difundido do céu, [agora] subiu da terra para o céu.

Como chuva que propicia a colheita, ele desceu do céu para que estes [homens] que pertenciam à terra fossem assinalados para a vida. Destarte, a palavra desceu para que os homens estivessem em condições de subir aos céus. Este é o discurso tipológico subentendido nas palavras [do Cântico] "*sororis filiolus meus in vinea Engaddi*" (*Interpretatio* 13,1-4).

Obviamente, para Hipólito, o Cântico dos Cânticos anuncia o mistério da encarnação do Verbo, da crucifixão de Jesus de Nazaré e da sua elevação da terra ao céu, com a consequente ostentação e expansão de seu perfume à humanidade.

Mas como o intérprete procede para confirmar essa convicção originada na fé?

O procedimento hermenêutico

Salomão – explica Hipólito – fala utilizando a técnica da tipologia (*typorum similitudo*). Por essa razão, a compreensão autêntica do versículo do Cântico dos Cânticos poderá tê-la somente quem souber confrontar e comparar adequadamente cada *verbum* do texto escriturístico com os correspondentes aspectos da encarnação, da crucifixão de Cristo e da manifestação e efusão do seu perfume sobre as pessoas.

Agora é preciso submeter-se à fadiga da comparação para descobrir a identidade daquele que se esconde atrás do *sororis filiolus*.

Por isso, o ponto de partida desse labor comparativo deve comportar dois objetivos preliminares: a individuação dos dois particulares mais significativos do texto, a *vinea Engaddi* e o *perfume de Chipre*; e a análise dos mistérios que se escondem por trás dos dois particulares significativos, constituídos justamente pela *vinea Engaddi* e o *perfume de Chipre*.

O contexto geográfico/natural

O trajeto de pesquisa destes dois objetivos passa necessariamente por uma série de conhecimentos que se deve ter em mente com extrema atenção. Por isso, este trabalho impõe: um aprofundamento cognoscitivo sobre a área geográfica na qual está localizada a *vinea Engaddi*; uma análise particularizada das características botânicas da mesma vinha; uma recordação, e possivelmente uma descrição bem detalhada, do perfume de Chipre, considerado muito famoso.

Com esta pesquisa preliminar o intérprete verifica que o território de Engadi é uma localidade precisa da Palestina, na qual se sente não somente um perfume muito intenso, mas se podem também admirar vinhedos exuberantes sustentados por árvores muito vigorosas. Desse modo, perfume, vinhedos e árvores tornam-se elementos importantes que abrem um largo campo para a especulação.

O primeiro passo da Interpretatio

Nesta fase do seu trabalho hermenêutico, o intérprete dedica-se a entrelaçar entre si os elementos já individuados, carregando-os de significados simbólicos, de tal modo que seja quase impossível circunscrever o sentido dado a cada um sem considerar o conjunto da amálgama então inseparável de todos os demais.

Resulta daqui a escolha de uma interpretação que se apresenta de fato sob a forma da rotação de um prisma composto de diversas facetas sugeridas por uma espécie de chamadas a um herbário bíblico,[37] que o intérprete projeta diante dos olhos mentais ou espirituais do leitor ou ouvinte.

Observando a rotação deste prisma a partir do lado do elemento perfume (*aroma*), percebe-se que a nota dominante é constituída pela emanação: *emittit aroma*. Esta característica se torna para o intérprete motivo suficiente para ligar a emissão do perfume do qual se fala em Ct 1,14 com a palavra proferida pela boca do Pai: *sicut verbum ex ore [...] edebatur, ita [...] edidit aroma*.

O segundo passo

Considera-se este avanço como segundo passo, pois o intérprete fala dele em um segundo momento, mas que de fato é em todos os aspectos preliminar ao primeiro.

De alguma forma, contudo, ele pode ser individuado nas palavras *contritio* ou *resecatio*, que são a condição prévia indispensável para que o primeiro passo possa ser dado.

Hipólito escreve: "Se não precede a trituração não é emitido o aroma, mas se intervém o corte do facão, então ele brota: (*dum non [sunt] contriti, non edit aroma [...], quando [...] gladio resecatur [...] edit*)" (*Interpretatio* 13,2).

Já foi dito no comentário a Ct 1,3: "Um recipiente não permite sair o perfume nele depositado enquanto estiver fechado, embora tenha a potencialidade. Porém, após aberta a tampa, o perfume se espalha, impregnando com seu cheiro tanto quem estiver perto ou longe. Assim aconteceu com a palavra" (*Interpretatio* 2,5). Então se deve concluir que *conditio sine qua non* para que o perfume seja liberado são a *resecatio* e a *contritio*.

"Talvez não se verifiquem estas mesmas condições para a videira?", pergunta retoricamente o intérprete. A pergunta comporta o convite para observar o mesmo prisma, fazendo-o rodar de um lado para outro, que é, agora, o do elemento "videira".

---

[37] Cf. C. Valenziano (a cura di), *Erbario biblico di Paolo Cutrera*, Libreria Editrice Vaticana, Città del Vaticano 2000.

A característica mais vistosa das videiras de Engadi é – sustenta o intérprete – a de estar suspensas e quase penduradas em árvores (*Interpretatio* 13,1).

A esta nota particular das videiras de Engadi estão adicionadas outras características comuns a toda planta, como a que afirma que os cachos estão unidos tão intimamente ao cerne da videira que só podem ser separados se cortados por um facão forjado pelo trabalhador, e não sem o escorrimento de lágrimas (seiva) (*Interpretatio* 13,2).

Continuando a refletir sobre o elemento árvore, o intérprete acrescenta que a característica principal da árvore, na qual se envolve a videira, é acima de tudo a solidez. Com efeito, é esta qualidade que não somente permite à árvore servir de sustento à videira como também de ser o lugar mais apropriado à colocação no alto dos cachos, bem amarrados, por sua vez, ao *lignum* da própria planta (cf. *Interpretatio* 13,2). Assim se determina uma espécie de compenetração entre a árvore, sustento sólido e seguro da videira, e o *lignum* da mesma videira.

Portanto, Hipólito, por um lado, atribui ao *lignum* (provavelmente no grego havia o vocábulo *xýlon*) da videira características que são próprias de uma árvore; e, por outro, confere à árvore uma qualidade que parece própria da uva (*exctratum ex arboribus [...] edit*" (*Interpretatio* 13,1). Tal característica permite que se estabeleça uma referência explícita, *per figurationem*, a Jesus crucificado, que foi *transfixux latere super lignum* e divino *patiens super lignum* (*Interpretatio* 13,1).

Depois, utilizando indiferentemente o termo *lignum*, com referência tanto à árvore da videira como a árvore que lhe serve de sustento, ao menos na tradução de Garitte, Hipólito sugere ao seu leitor identificar simplesmente a "árvore" com a "planta da videira", jogando ora com uma, ora com outra referência metafórica.

Destarte, descobrimos que uma característica que define, por exemplo, a árvore entendida em sentido metafórico – mas neste caso se trata daquelas determinadas árvores plantadas na vinha de Engadi, e não das árvores em geral – é a de ser de tal modo unida à videira a ponto de receber dela não somente seus traços específicos, mas também uma espécie de participação a suas várias fases de transformação (cf. *Interpretatio* 13,1).

O terceiro passo

Relevada a presença de termos como *balsamum* e *unguentum* (*Interpretatio* 13,1), que acentuam o liame estreitíssimo que permite ao aroma/perfume envolver a ambos, isto é, videira e árvore, o intérprete sugere neste momento prestar atenção sobre a *res* ou realidade propriamente dita, a qual introduzem como *typoi* as metáforas apenas assinaladas.

Chega-se assim a descobrir que a expressão de Ct 1,14: *sororis filiolus in vinea Engaddi* refere-se claramente àquele, poderoso que era, se submete ao sofrimento do lenho (*"potens erat super lignum patiens"*: *Interpretatio* 13,1) e, portanto, simplesmente, o Cristo.[38]

A consonância dos dois particípios *potens-patiens* sublinha naturalmente a pertença do nosso intérprete à mesma geração de exegetas cristãos asiáticos que derivam, como já se notou em Melitão, o significado de *pascha* não do *pesah* hebraico, mas do verbo grego *paschein* (sofrer), com todas as consequências do caso, apoiando-se provavelmente no texto de 1Cor 5,7, que diz: "Cristo, nossa Páscoa, foi imolado".[39]

A referência a essa visão tradicional da Páscoa, conhecida como tradição asiática, parece muito importante. Com efeito, ela nos coloca em condição de entender melhor o porquê de existirem, na *Interpretatio Ippoliti*, outras expressões muito ligadas ao sofrimento. Assim, por exemplo, são os vocábulos *patiens, transfixus, contriti, gladio, resecatur, lacrimam, lacrimabatur, vulneratus, suspensus, humiliavit*. São dez palavras que, embora estejam inseridas em textos diversos, têm todas em comum a orientação de revelar, no *typos* do *sororis filiolus* de Ct 1,14, simplesmente o Cristo.

O autor sublinha tal orientação com a utilização de preposições correlativas, como: *"sicut [...] ita Christus"*, ou *"quia Chjristus etiam"*, ou ainda: *"et quia Verbum"* etc. Resulta daí, com extrema evidência, que a expressão *sororis*

---

[38] Cf. o texto grego de Richard: *ischyros men gar en, phesin, epi xylou paschon ho kyrios*.

[39] Cf. R. Cantalamessa, *Homelia "In S. Pascha" dello Pseudo-Ippolito di Roma. Ricerche sulla teologia dell"Asia Minore nella seconda metà del II secolo*, Vita e Pensiero, Milano 1967, 187ss. Orígenes, também testemunha desta tradição, corrige-a, ligando-se à páscoa hebraica (interpretada sempre como "passagem"), na introdução a um tratado intitulado justamente *Peri Pascha*, encontrado em Toura em 1941, no original grego, e publicado com acréscimo de uma apropriada introdução, por O. Gueraud e P. Nautin, com o título: *Origène, Sur la Pâque. Traité inédit publié d'après un papyrus de Toura*, Beauchesne, Paris 1969.

filiolus, que se revela justamente na *vinea Engaddi*, é *typos* de um *Christus patiens, transfixus, contritus* etc.; isto é, de um *Christus* que vem ao encontro do homem acompanhado de toda a *res* significada no *typos* da vinha de Engadi e, portanto, marcado pelo sofrimento e pelas lágrimas que, justamente por isso, revelam toda a simbologia de elementos como *perfume-vinhas-árvores*, dos quais já se tratou.[40]

A parte parenética

Após tudo o que apenas se sugeriu, a estrada está amplamente aberta para a construção de uma verdadeira e própria catequese pascal distinta em dois tempos.

1. A contemplação do potens-patiens

Com efeito, a característica da emanação permite ao intérprete referir-se a outro bálsamo perfumado emitido pelo *potens-patiens*, no dia em que foi transpassado no peito sob o lenho (da Cruz)" (*Interpretatio* 13,1).

Antes de tudo, Hipólito sublinha que a emanação do perfume e o sofrimento estão tão intimamente ligados um ao outro que as expressões "exalou perfume" e "chorou lágrimas" (*Interpretatio* 13,2) indicam a mesma realidade. Desse modo, o liame estreitíssimo entre sofrimento e dom do perfume se torna uma espécie de *leitmotiv* de todo o trecho.

Por outro lado, o "Ele foi transpassado sobre o lenho na vinha para [*quia*][41] poder difundir sobre os homens o bom perfume do unguento" (*Interpretatio* 13,2) lembra com clareza aquilo que já foi dito a propósito das notas atribuídas às videiras da *vinea Engaddi*. Com efeito, tais notas diziam respeito, como já se observou, a uma espécie de conspiração entre a solidez ou dureza das árvores e a dupla necessidade de as videiras se apoiarem nelas para se sustentar e de se separarem dolorosamente com um corte do facão, a fim produzir o unguento e o seu perfume.

---

[40] Os vocábulos recordados aparecem *passim* no conjunto da *Interpretatio* 13,1-4.

[41] Que se poderia traduzir também "justamente por isso". Richard experimentou, por exemplo, um *tòte men* no seu texto.

Permanecendo na ótica de uma correspondência que seja, na medida do possível, bem precisa entre as características do *typos* e a realidade (ou *res*), o intérprete relembra a nota sucessiva da *contritio* ou *resecatio*, para demonstrar a necessidade de que o sofrimento de Cristo preceda o dom da emanação.

O intérprete escreve, na tradução latina de Garitte: "Enquanto os frutos permanecem unidos (*stabunt*) à videira no tronco e, portanto, não foram ainda retirados (*contriti*), é impossível ao aroma emanar (*edit*) o seu perfume; mas quando eles são cortados (*resecatur*) com o facão do agricultor, então imediatamente brotam as lágrimas (*lacrimam edit*) (*Interpretatio* 13,2).

Elevação e trituração; delas torna-se cúmplice o símbolo da árvore, revelando dois aspectos fundamentais do *typos* realizado em Cristo, a saber, a sua estabilidade ligada à exaltação (*stabunt*) e o seu sofrimento ligado à humilhação (*contriti*), indicada pelas lágrimas que se seguem à *resecatio*.

2. Consequências para a pessoa que contempla

Esclarecido, dessa forma, o enigma escondido no *sororis filiolus in vinea Engaddi* e iluminado com clareza o que pretendia dizer Salomão, neste versículo de Ct 1,14, simplesmente sobre Cristo e o acontecimento pascal que lhe dizia respeito, agora Hipólito se sente livre para desenvolver a segunda parte da sua parênese. Com efeito, escreve agora:

> O Verbo (a Palavra), meus caros, habitou no corpo, e ele, de grande que era, manifestou-se como pequeno, a fim de que pudesse ser visto. Neste mundo manifestou a nova graça da economia. Sendo rico, fez-se pobre por nós, a fim de que pudéssemos nos tornar ricos com a sua riqueza" (*Interpretatio* 13,3).

Destarte, o teólogo polemista se transforma no pastor de almas. A expressão "*verbum [...] in corpore abitavit*" (*Interpretatio* 13,3) ressente-se, provavelmente, da polêmica antignóstica. É uma polêmica não restrita à simples contraposição antagônica, mas tende a construir também um discurso teológico-pastoral mais articulado, conforme se pode entender do enunciado soteriológico.

Na realidade, expressões como as seguintes: "era preciso que fosse revelado [...] em nosso favor [...] a fim de que nos tornássemos ricos" (*Interpretatio* 13,3) já enunciam um princípio soteriológico que, através do "por nós homens e pela nossa salvação desceu do céu", do Símbolo Niceno-Constantinopolitano, alimentará a teologia cristã durante séculos.

O autor da *Interpretatio* está de tal modo consciente da importância de um princípio semelhante que fala de nova graça da economia (*Interpretatio* 13,3). O Verbo centrou o objetivo decisivo da *dispositio* divina, submetendo-se serenamente aos limites do corpo (*tempore*), da pequenez (*parvus*) e da pobreza (*pauper*).

Dessa forma, sua escolha se transforma em palavra precisa, quiçá mesmo cantada, dirigida a Igreja/nós, por quem se abaixou à sua mesma medida: "Justamente porque humilhou a si mesmo [...] cantou a sua palavra diretamente a nós (*ad nos directum cantavit verbum*)" (*Interpretatio* 13,3), para que se coloque, ela também, sobre a estrada segura que garanta a salvação.

3. O objetivo conseguido

A particular frutificação apenas manifestada com referência à Igreja, torna-se, ela também, "*fructus super lignum in vite*" (*Interpretatio* 13,2), revelando a última parte do mistério escondido no *typos* da *sororis filiolus meus in vinea Engaddi*.

Com efeito, o objetivo com que se prefigurava o *Verbum* era, desde o início – sustenta Hipólito – o de difundir o seu perfume sobre os homens (*Interpretatio* 13,2), assim como o objetivo da *vinea Engaddi* era o de difundir o bálsamo extraído figurativamente das árvores (*Interpretatio* 13,1). Contudo, assim como a *vinea Engaddi* não teria jamais conseguido sua finalidade sem uma *resecatio* lacrimosa, obtida pelo facão (*Interpretatio* 13,32), do mesmo o *Verbum* não teria podido difundir seu perfume sobre as pessoas sem sofrer, ele próprio, a sua *vulneratio*. Por isso, foi golpeado na vinha para difundir o duplo perfume do unguento (*Interpretatio* 13,2).

A SÍNTESE TEOLÓGICA DE HIPÓLITO
E A PERGUNTA HERMENÊUTICA

A *Páscoa de Cristo e a nova gratia dispositionis*

A proposta teológica da *Interpretatio* comporta algumas passagens que se permitem resumir a seguir neste ensaio, partindo do pressuposto de que a Páscoa seja para Hipólito o momento revelador por excelência da nova economia da salvação.

1) A efusão ou emanação do perfume, que caracteriza a Páscoa, não pode acontecer sem o sofrimento. Com efeito, ela não se verificaria jamais sem uma experiência lacrimosa.
2) Foi esse o motivo pelo qual o *Verbum* se submeteu à *dispositio* do Pai, aceitando submeter-se à necessidade de ser *vulneratus in vinea*.
3) Graças à disponibilidade do *Verbum*, a Páscoa tornou-se, assim: o dia no qual *ad nos directum cantavit Verbum*; a ocasião na qual a *misericordia dispositionis* se fez presente, enchendo de alegria intensa a todos (*Interpretatio* 13,3).
4) A escolha realizada desde o princípio pelo *Verbum*, mas saída do fundo do coração do Pai (*Interpretatio* 13,3), concretizou-se na evangelização da terra como uma explosão de felicidade ("*gaudere fecit*":[42] *Interpretatio* 13,3).
5) Portanto, a Páscoa da *Interpretatio* supõe de fato um duplo *exodus*: o originário, que comportou a saída do *Verbum* do coração do Pai, e o que abriu sobre a terra a estrada da bela notícia da felicidade.

A síntese teológica se transforma em canto, nas palavras conclusivas de sabor poético:

> Ele é o mesmo que, elevado da terra, apareceu como perfume de unguento e apressou-se em direção ao céu; o mesmo que, difundido pelo céu, subia agora da terra para o céu. Como orvalho, que propicia a colheita, veio do alto para que as

---
[42] Garitte, sobre "*evangelizavit*", anota: "*Vel gaudere-fecit*" (CSCO 264, 36, nota 21).

pessoas, feitas de terra, fossem assinaladas com o selo [de Cristo] para [conseguir] a vida; o Verbo [a palavra] desceu do céu para que os homens estivessem em condição de subir ao céu (*Interpretatio* 13,4).

O texto bíblico é sempre um esboço (typus)

As perguntas hermenêuticas feitas por Hipólito ao Cântico dos Cânticos pressupõem a convicção de que nos encontramos – a propósito deste livro bíblico visto no seu conjunto e nos seus particulares – diante de um verdadeiro e próprio *typus*, entendido como esboço, sinal, aceno, prenúncio (*quia typus hoc* [...] *est*), que convida, por isso mesmo, a ir além, até atingir a *veritas* a qual, por definição, se destina.

Porém, Hipólito jamais utiliza a palavra *veritas*, mas prefere explicitar com expressões diversas a realidade que orientam sua *interpretatio*. Por exemplo, na tradução latina de Garitte, *voluntas Spiritus, sensus, significatio mysterii* são todas expressões que lhe permitem formular perguntas hermenêuticas quase de modo escolástico. Frases interrogativas indiretas (como, por exemplo: "*Quaenam sit voluntas Spiritus, ad quid sit sensus hic, quaenam significatio mysterii futura sit*") revelam a intenção de propor as suas hipóteses interpretativas com a preocupação de fundo de ver sempre o conjunto do texto no interior de uma *dispositio* global. Pode-se dizer que Hipólito lê o texto colocando-o dentro de uma *historia salutis* bem distinta em cada uma das suas fases singulares de passado, presente e futuro. Com efeito, a *voluntas Spiritus* diz respeito ao projeto já presente em Deus antes ainda da criação do tempo; o *sensus hic* diz respeito ao presente no qual acontece o encontro entre o intérprete e o livro; a *significatio mysterii* orienta, finalmente, a um misterioso futuro, que não se revelou ainda de modo completo.

Deve-se, pois, deduzir que, na convicção de Hipólito, cada *typus* exige sempre uma pergunta hermenêutica tridimensional relativa ao passado, escondido no segredo de Deus, ao presente, revelado parcialmente no *typus*, e ao futuro, aguardado como desvelamento completo. E, portanto, cada *typus* orienta, por um lado, à *voluntas Spiritus* e, por outro, à *significatio mysterii*. Em ambos os casos o que ele revela é, inevitavelmente, parcial e, em certo sentido, envolvido em sombras. Contudo, deve-se admitir que se trata da única possibilidade de o ser humano conhecer um pouco o que constitui a *dispositio* divina desde o início do mundo, aguardando a possibilidade de conhecer a sua totalidade, quando será revelada no termo da sua realização na história.

A história como instrumento decisivo da interpretação

Uma vez que o *typus* é parte integrante da história, esta última, sendo lugar no qual a mesma *dispositio* se manifesta gradualmente, torna-se, por sua vez, instrumento decisivo de todo projeto de Deus possível ao homem. Resulta disso uma atenção escrupulosíssima ao conjunto dos acontecimentos históricos, mas também a cada um deles, visto um após o outro. A providencialidade, e também a necessidade de observar cada um em especial, coloca-o dentro do seu contexto histórico, uma vez que só desse modo se pode compreender o seu *sensus*, seja no que diz respeito à *voluntas Spiritus*, seja no que tange à *significatio mysterii*.

Quando Hipólito se interroga explicitamente: *"ad quid sit sensos"*, demonstra claramente querer distinguir entre *quid* e *sensu*, e, simultaneamente, insinuar uma necessária relação entre eles. Por isso, poder-se-ia deduzir daí uma direção do *sensus versus* o *quid*, ou, vice-versa, do *quid versus* o *sensus*, com uma estranha circularidade que leva a concluir que não se dá o *quid* sem o *sensus* e que não acontece o *sensus* sem o *quid*.

As duas ulteriores questões de Hipólito, que dizem respeito uma à *voluntas Spiritus* e outra à *significatio mysterii*, poderiam levar a pensar que o *quid* possa ligar-se à *voluntas Spiritus* e o *sensus*, à *significatio mysterii*. Mas também neste caso teríamos uma ulterior estranha circularidade que, de novo, permite indicar duas direções: uma que vai da *voluntas Spiritus* à *significatio mysterii* e outra que comporta uma orientação igual e contrária que vai da *significatio mysterii* à *voluntas Spiritus*. Portanto, novamente se conclui disso que não se dá *voluntas Spiritus* sem *significatio mysterii*, e vice-versa.

Na realidade, tudo leva a supor que a intuição de fundo a ser mantida seja uma grande consciência, em Hipólito, da unidade indissolúvel que liga o início ao fim, o alfa ao ômega, e que o *sensus* ou *significatio* a ser procurado em cada *typus* e na *história* global é que estes *typi* habitam a *voluntas Spiritus* identificada com o *mysterium*. Nisto, somente nisto, parece consistir de fato, para Hipólito, qualquer legítima interpretação ou hermenêutica.

Tudo começa com o sentido literal

O ponto de partida da hermenêutica de Hipólito ou, se preferir, sua porta de entrada, é certamente a letra material do texto. Essa letra, porém, envia inevitavelmente a um acontecimento histórico ocorrido entre precisos limites espaçotemporais, mesmo quando isso não coincide com os fatos propriamente ditos, e sim com o processo criativo que se dá na fantasia de um poeta ou na elaboração mental de um sábio. Com efeito, nenhuma narração escrita aconteceria sem uma procissão de acontecimentos variados.

Segundo Hipólito, essa procissão, verificada no mistério de Deus, iniciou-se com a saída do Verbo do coração do Pai. Esse êxodo comportou a decisão da *voluntas Spiritus* de efundir o seu perfume para fora da realidade divina, criando o mundo através de uma segunda abertura (*exodus*) do divino, acompanhada de um sofrimento aceito para permitir justamente ao mundo tornar-se partícipe da própria vida de Deus.

Desse mistério se fala em todas as realidades criadas e a este evento primordial acenam os tipos escondidos na natureza das coisas, nos acontecimentos da história e, em particular, na Palavra do Senhor.

Portanto, os hermeneutas seriam chamados a interceptar e a reconhecer a *significatio* deste *mysterium*. Mas eles estão em condição de fazê-lo somente se prestam uma correta atenção aos *typi*, cuja função é justamente introduzir no mistério, através de acenos e esboços sombrios, indicando o progressivo desvelar-se, nos eventos da história, da *voluntas Spiritus*.

Tudo isso explica por que, na sua *Interpretatio*, Hipólito observa cada detalhe particular das expressões do Cântico dos Cânticos para se interrogar, a propósito de cada um dos *typi*, em qual faceta do *mysterium* ou a qual aspecto manifestativo da *voluntas Spiritus* eles entendem introduzir os leitores.

Resulta disso toda a série de *cur, quia, ad quid*, que exprimem, por sua vez, uma demanda, ou então justificam uma hipótese ou propõem uma resposta. As comparações estabelecidas sintaticamente com consecutivas (*sicut – etiam*, ou então *ita – etiam*) tornam-se, neste ponto, não somente um auxílio, mas também a confirmação de um raciocínio que, se tem pontos de apoio muito sólidos em alguns momentos, é, no entanto, incitado e aberto justamente pelas "alusões" ou pelas "semelhanças" de sentido que conduzem o leitor ou o intérprete a intuir uma comunhão ou conexão entre as sugestões de um único texto e as solicitações que nascem.

Da visão de conjunto, o espaço para a parênese

A coleta hermenêutica pode provir: da visão da Bíblia, tomada no seu conjunto (*lege et evangelio*); da experiência humana nas suas multíplices formas (*os ori coniungere; infantes qui exsugunt; laetificat vinum cor*); da observação sobre a natureza (herbário ou eventualmente lapidário ou bestiário) ou sobre a história propriamente dita; e, enfim, do conjunto dos dogmas proclamados pela Igreja.

A conclusão parenética chegará, em todos os casos, somente ao termo de um indispensável processo de aprofundamento de todos e cada um dos *typi*, das metáforas ou alegorias utilizadas, recolhidas e analisadas, que, unicamente, permite solucionar todos os enigmas, insolúveis de outro modo, e atingir, então, a *significatio mysterii* que conduz ao conhecimento da *voluntas Spiritus*.

A dedução parenética será, pois, tanto mais rica quanto mais sério e profundo tiver sido o empenho no processo de aprofundamento de cada um dos conteúdos do texto e da sua conexão com o mistério da Páscoa do Senhor.

Contudo, a acolhida da fé, na comunhão com a Igreja, é *conditio sine qua non* para aceder a qualquer forma legítima de *speculatio* cristã. Isto significa que, para ver (*speculatio*) ou reconhecer (*interpretatio*) nas misteriosas palavras bíblicas, os *typi*, ou esboços, ou lineamentos do *mysterium revelationis*, é necessário partir de um tempo posterior (*post*) com respeito à redação do texto, que permita ler nele algo escondido, mas agora revelado.

A Escritura permanece profecia

No caso específico do Cântico dos Cânticos, o *post* do evento Cristo permite ler oculto nele uma profecia, uma prefiguração ou um tipo de evento relativo a Cristo e à Igreja.

Tudo supõe que, ao menos na *interpretatio* do Cântico dos Cânticos, tudo está de pé ou cai conforme se mantenham firme algumas premissas ou pré-compreensões relativas ao texto examinado. Elas são:

1. Salomão, autor indiscutível do Cântico dos Cânticos, inicia nos seus três livros sapienciais o *mysterium revelationis* do Pai, do Filho e do Espírito Santo.
2. Ele pôde fazer este anúncio porque a palavra saía da sua boca graças ao magistério da Palavra divina (*magistério gratiae*), ou então escrevia sob o ditado da sabedoria divina (*sapientia cum eo habitante*) identificada por Hipólito com o *Christus-Filius*.
3. Consequentemente, é necessário colocar a leitura do Cântico dos Cânticos dentro da teologia dos livros sapienciais atribuídos a Salomão.
4. Os três livros globalmente tomados são anúncio profético do mistério trinitário.
5. Ao contrário, cada um dos livros está ligado à revelação da característica de cada uma das Pessoas da Trindade, conforme a seguinte pré-compreensão da fé:
   a) o livro dos Provérbios entende revelar a *admirabilis et inapparens gratia Patris*;
   b) o Eclesiastes indica *per Filium* a terra como *congregatio tenebrarum*;
   c) o Cântico dos Cânticos é uma *laudatio* reconhecedora pela *cognitio Dei facta multis* com o dom do Espírito Santo.

Observações

Sem dúvida, Hipólito considera com seriedade o valor da *littera materialis* do texto, respeitando-lhe todas as particularidades mínimas. A atenção meticulosa com a qual ele examina cada versículo do Cântico dos Cânticos à

procura do *sensus*, da *significatio mysterii* e da *voluntas Spiritus* pressupõe uma tensão dinâmica, que se pode ver explicitada na pergunta subentendida em cada encontro com os *verba* do texto bíblico: *ad quid sit sensus*.

A tensão dinâmica com a qual é lido cada versículo único nasce da convicção de que a verdade do texto se poderá desvelar somente em um tempo futuro, com relação à redação propriamente dita. Deriva daí o que segue:

1. O *sensus* da *littera materialis* não pode ser outro senão o tipológico, isto é, caracterizado pela natureza de ser esboço, aceno, indicação, sombra, primícias ou garantia de uma verdade que está acima do texto e da qual, em última análise, deriva.
2. Tendo em vista que o *sensus* da *littera materialis* é antecipação misteriosa no passado de uma realidade futura, impõe-se a exigência de observar com acuidade epistemológica cada mínimo detalhe do esboço ou *typus*, para poder atingir ou colher a *significatio mysterii* aí contida.
3. O exame detalhado de cada mínima particularidade do *typus* não se pode concluir com a simples análise filológica, narrativa, retórica ou lógica, entendida como consequência das *propositiones* ou de cada um dos vocábulos utilizados, mas deve estender-se também às inevitáveis metáforas neles contidas, recorrendo à observação científica da natureza e considerando as características que pertencem ao objeto significado entrevisto pelas *propositiones*.
4. Junto com o conhecimento da filologia, da gramática, da sintaxe, da lógica etc., deve ser levado em consideração também o herbário, o bestiário do lapidário pressuposto pelo autor bíblico na sua narração.
5. A análise das propriedades de cada elemento característico ou cultural evocado pelo texto resulta, por isso, indispensável para uma compreensão adequada do mesmo texto, que tende por necessidade a tornar cada elemento singular, descoberto em determinado *typus*, outras tantas pistas indicativas a ser percorridas para se aproximar da visão completa da realidade.
6. Cada uma das facetas da realidade que se entrevê com o exame-análise do qual se tratou é acompanhada pela mente e pelo coração do

intérprete, como outras tantas indicações para individuar a *voluntas Spiritus*, quer no nível de visão ou *speculatio* da mesma verdade entendida pelo texto, quer no nível de operacionalidade concreta por ele sugerida.

7. As hipóteses teológicas, mas, sobretudo cristológicas, sugeridas pelo texto recebido pela Igreja e lido à luz da fé cristã, inclusive, o seu contorno apologético, e as implícitas exortações parenéticas são, por sua vez, parte integrante e escopo último da *interpretatio*.

Conclusão

O ponto de partida da exegese patrística, seja pelo método usado, seja pelo conteúdo, só pode ser individualizado pelo Novo Testamento, embora sua canonização só tenha acontecido na época patrística. Antes, poder-se-ia partir desta constatação para estabelecer uma espécie de *continuum* entre os autores que produziram o conjunto dos livros do Novo Testamento e os autores cristãos imediatamente sucessivos ou mesmo, em alguns casos, contemporâneos.

Todos esses autores, indistintamente, deixaram-se conduzir pelo princípio de que tudo aquilo que tinha acontecido, nos fatos e nas palavras de Jesus de Nazaré, foi lido como realização de figuras, imagens, profecias já presentes na tradição de Israel e nos livros considerados sagrados por essa mesma tradição.

A primeira forma aplicativa deste princípio, que podemos chamar também de "hermenêutica cristã incipiente", foi a de individualizar, justamente nos mesmos textos da comunidade de Israel, os traços mais ou menos evidentes que comprovavam essa convicção cristã.

Foi considerado convincente pela maioria dos estudiosos sintetizar esse método no final dos *Testimonia*, entendidos como verificação textual da possibilidade e mesmo da necessidade de interpretar somente dessa forma o justo significado seja do texto bíblico, seja dos fatos, seja ainda dos textos que dizem respeito a Jesus de Nazaré.

Na prática isto significou, tanto para os autores do Novo Testamento como para os Padres chamados "apostólicos", que aquilo que convencionalmente chamamos Antigo Testamento e aquilo que convencionalmente chamamos Novo Testamento testemunham, reciprocamente, a verdade dos fatos e dos ensinamentos. Conclui-se, assim, que, formalmente, se tenha formulado somente alguns séculos depois o princípio de que "todo o Novo Testamento está contido ocultamente (*latet*) no Antigo Testamento e todo o Antigo Testamento é revelado abertamente (*patet*) no Novo Testamento" (Agostinho de Hipona, *Questões sobre o Eclesiástico* 2,73).

A caça aos textos que demonstravam mais ou menos abertamente a validez dessas convicções foi bem ampla e os frutos dessa procura intensa continuaram durante o chamado período "patrístico" da história da Igreja cristã.

Uma das consequências desta convicção foi a necessidade de estabelecer, da forma mais precisa possível, uma lista de livros que, lidos à luz da fé cristã ensinada por pessoas que haviam acolhido a mensagem apostólica e a conservado com escrupulosa fidelidade, concordassem com o que foi considerado como irrenunciável confissão de fé dos discípulos de Jesus de Nazaré.

Destarte, nasce o chamado "cânon" do Novo Testamento, em analogia ao que, com base em sua particular perspectiva, os sábios de Israel também estavam realizando com o patrimônio "bíblico" deles, que os cristãos chamaram de Antigo Testamento.

De fato, o cânon impusera-se como uma necessidade, tanto pelos cristãos como pelos *rabbis* que se sucederam em Israel depois da dupla destruição de Jerusalém (de 70 e 135 d.C.), para salvaguardar a autenticidade da fé e também para indicar a estrada justa da interpretação dos textos, de modo que eles não contradissessem, mas comprovassem a fé confessada pelas respectivas comunidades na tradição oral e na vida concreta das comunidades. Deste problema, mas também e sobretudo pelo desejo de *testimonia* que caracterizava a comunidade cristã subapostólica, deram a conhecer as *Eclogae* atribuídas a Melitão de Sardes.

Ao ler as *Eclogae*, bem como a *Clavis Patrum*, obras atribuídas ao mesmo Melitão de Sardes, percebe-se que os cristãos daquelas gerações tendiam a individualizar no Antigo Testamento prefigurações e profecias quase em todos os lugares. Não se limitavam somente à simples aplicação do sentido histórico-literal dos textos, mas estendiam a pesquisa de modo tal que podiam englobar também o possível significado figurado ou simbólico dos textos.

Graças a essa extensão, eles conseguiram retirar do texto bíblico uma messe enorme de significados, considerados "ocultos", utilizando *ad abundantiam*

a sua capacidade intuitiva, mais que a racional, concluindo, muitas vezes, com textos nenhum pouco de acordo com a fé apostólica e, por isso, inevitavelmente condenados.

Ao mesmo tempo eles estavam em condição, também muitas vezes, e respeitando a lei da concórdia com a fé apostólica, de se aproximar do texto como se fosse um *símbolo*, o que permitia a observação de perspectivas diversas de outras tantas divergências de interpretação. Porém, a diversidade de perspectivas não era tanto pela objetiva observação do texto, realizada por outros tantos ângulos de visão, mas sim pela situação existencial do próprio observador. E isso independia de quem observasse ou estudasse o texto, podendo ser uma comunidade ou um único indivíduo.

O texto transformado em *símbolo* comportava a possibilidade de lê-lo prestando atenção não somente na sua objetividade mas também na situação interior do leitor. Então, acontecia de fato que o texto bíblico, tanto do Antigo como do Novo Testamento, fosse estudado como uma espécie de espelho que refletia a condição especial da pessoa que se espelhasse nele; esta, enfim, se encontrava na condição de descobrir, com esse exercício, não tanto a verdade contida no texto, mas sim a relação que tal verdade estabelecia com a identidade pessoal ou comunitária da pessoa que se aproximava dele com fé.

Contudo, o risco de uma redução do texto bíblico às exigências subjetivas de quem dele se aproximava produziu uma instrumentalização tal por parte de alguns que acabou produzindo uma série infinita de especulações, que desembocava frequentemente em heterodoxia, habitualmente definida "gnóstica", que a Igreja apostólica não podia jamais aceitar.

Por causa disso e de riscos semelhantes, começou-se rapidamente a seguir um princípio hermenêutico válido para todos, que pode ser sintetizado num axioma cristológico. Ele impunha aceitar que, *segundo as Escrituras*, o Verbo fez-se carne no homem Jesus de Nazaré, nasceu da Virgem Maria, padeceu sob Pôncio Pilatos, morreu e foi sepultado, mas ressuscitou ao terceiro dia.

Tal princípio revelou-se preciosíssimo, sobretudo, para enfrentar o desafio lançado à fé da Igreja por aquilo que Quasten chamou de "inícios do roman-

ce, da história popular e da lenda do cristianismo",[1] com a difusão de numerosíssimos textos apócrifos sobre Jesus e sobre seus discípulos diretos.

Na nossa seleção, após uma resenha sintetizadora de textos do Novo Testamento, de inscrições italianas antigas e de algum dos chamados Padres apostólicos, dentre os quais devemos privilegiar o Pseudo-Barnabé, dirigimos a atenção, sobretudo, em quatro Padres que viveram substancialmente no século II. Foram eles: Justino mártir, Melitão de Sardes, Ireneu de Lyon e Hipólito. Destes, procurou-se individuar, acima de tudo, a mentalidade hermenêutica de fundo, testemunhada pontualmente por seus próprios textos. De Hipólito foram aprofundadas também algumas páginas da *Interpretatio Cantici Canticorum*, que lhe são atribuídas, não obstante a objetiva dificuldade de trabalhar com uma tradução moderna em latim, realizada sobre duas traduções antigas – a georgiana e a armênia – do texto original grego, porque considerada a primeira tentativa orgânica de interpretação de um livro do Antigo Testamento, como prenúncio do que eclodiria no final do século II e em toda a primeira parte do século III, no grande Orígenes de Alexandria.

A seguir, há um resumo sobre os quatro Padres ou escritores cristãos antigos do século II, já citados, daquilo foi julgado digno de ser reproposto ao final desta monografia.

JUSTINO MÁRTIR

Do grande escritor mártir, podem-se reter os seguintes pontos nodais:

1. A pessoa histórica de Jesus de Nazaré é a chave hermenêutica por excelência das Escrituras inspiradas, o que comporta a afirmação de que Jesus, Messias e Filho de Deus, é também o hermeneuta por excelência das Escrituras.

2. Os escritos do Antigo Testamento são profecia não somente de Jesus Verbo feito carne, em um preciso espaço-tempo da história, mas também da sua prolongação no tempo da Igreja, o que permite deduzir que, também a Igreja, em sua vida e em cada um de seus membros, é hermeneuta qualificada, até o final dos tempos, das santas Escrituras.

---

[1] Quasten, *Patrologia*, 102.

3. Como consequência das duas afirmações precedentes, é possível chegar à conclusão de que só se pode ser hermeneuta autêntico das Escrituras quem, confessando Jesus de Nazaré como Messias e Senhor, demonstra possuir a "qualidade profética", pela qual é capaz de falar das coisas que dizem respeito à "divindade infinita".

4. Por causa desse dom profético particular, o hermeneuta autenticamente cristão consegue acender nas pessoas um tal amor pelos profetas e pelas pessoas amigas de Cristo a ponto de conduzi-las espontaneamente a ingressar na comunidade da Igreja.

5. Junto com essa qualidade profética, o hermeneuta das Escrituras demonstra com a sua vida que é uma pessoa mansa e humilde de coração, disposta a seguir o seu Mestre até o ponto de condividir com ele a palma do martírio.

6. A oração é condição prévia necessária para todo autêntico hermeneuta das Escrituras, pois "ninguém pode ver nem compreender, se Deus e o seu Cristo não lhe conferem o dom da Sabedoria".

7. O lugar ideal do encontro frutuoso entre o hermeneuta e a pessoa sinceramente disposta à busca de Deus e da verdade não parece ser a cidade, mas, antes, o deserto ou, ainda, um ambiente natural no qual a beleza da paisagem e a calma solidão favoreçam a possibilidade de estarem consigo mesmos.

8. O encontro transformador com Jesus de Nazaré, reconhecido como Cristo e Senhor, pode ser precedido por uma pesquisa pessoal, tornada sempre mais precisa e exigente quando feita na escola das grandes filosofias da humanidade. Estas, porém, o hermeneuta cristão, na ocasião, não poderá levar em consideração, pois somente da relativização delas nascerá o desejo de ouvir os profetas que conduzirão a Jesus Cristo.

9. Mais que propor primeiramente uma mensagem, o hermeneuta responde ao dom de quem vem ao seu encontro como um sábio misterioso (ou quiçá divino?), procurado longamente, que possui a única filosofia segura e certa.

10. No exercício da sua exegese, o hermeneuta cristão perscruta continuamente as Escrituras, seguindo o método dos *rabbi* de Israel, não somente para reconhecer neles modelos realizados em Jesus de Nazaré, mas também para descobrir neles o Israel verdadeiro, o "espiritual", com o qual sintonizar-se no ato de compartilhar a verdade.

MELITÃO DE SARDES

Pode-se dizer que gerações inteiras de Padres cristãos aproveitaram suas ideias e que as liturgias cristãs do Oriente e do Ocidente declamaram "impropérios" muito semelhantes aos que lemos na *Homilia sobre a Santa Páscoa* deste bispo quartodecimano. E sua praxe não deixou de ser seguida nem mesmo quando alguns Padres antigos, em particular Orígenes (que viveu apenas algumas gerações após Melitão), mostraram acentuação excessiva do sofrimento na referência à Páscoa de Cristo e reivindicaram a necessidade de ler a Páscoa do Senhor, em vez de à luz do *paschein* grego, à luz do significado originário do *pesah* hebraico e do contexto exódico, que podia e devia comportar tudo isso.

Além disso, permanece a acentuação substitutiva que se reforçou ulteriormente, dando origem a uma polêmica que se tornaria cada vez mais áspera, devido, talvez, à permanência na história, além de toda evidência "teológica" do povo de Israel no mundo habitado – assim parecia para todos os efeitos –, quase completamente cristão.

IRENEU DE LYON

Com este grande teólogo, entre os séculos II e III, damos um passo qualitativo adiante, devido aos esclarecimentos que, graças a ele, receberam os critérios hermenêuticos já supostos do Novo Testamento e recebidos por todos os primeiros Padres cristãos. Contudo, alguns elementos foram sublinhados por Ireneu de uma forma toda particular. Dentre estes, pode-se relembrar alguns, como, por exemplo, o critério da utilidade, que deve possuir, por definição, toda Escritura considerada inspirada. Sublinhe-se que, para o bispo de Lyon, ela é, sobretudo, relativa a uma correta confissão da fé que coloca em primeiro plano a concordância com a *norma veritatis*.

A clássica pergunta do intérprete grego: "*ti ophelei pros ten areten*" (onipresente também nas inumeráveis teorias da gnose) é estendida por Ireneu até o ponto de fazer dela um critério "compreensivo" do ser humano enquanto tal. Dessa forma, o critério se enriquece de modo qualitativo, podendo abranger, de fato, sua totalidade entendida como humanidade.

É possível até mesmo acrescentar que, justamente esse determinante enriquecimento de *arete* com *anthropos*, na pergunta hermenêutica, poderia significar uma das mudanças de perspectiva mais interessantes que Ireneu, e com ele as primeiras gerações cristãs, operou no interior dos métodos exegéticos conhecidos pelos gregos.

A Ireneu, testemunha privilegiada dessa passagem, isso somente foi possível graças à fé cristã, porque ela foi objetivamente a única que, com sua afirmação *"ho logos sarx egeneto"* (Jo 1,14), permitiu a expansão de um critério que, de outro modo, teria permanecido inevitavelmente restrito a uma aplicação individual e moralista.

O ser humano, *simpliciter*, que recebeu as Escrituras para sua utilidade, permitiu, por exemplo, a Ireneu convidar as pessoas a observar com simpatia, respeito e adesão interior as *"expositionem omnium rerum pertinentem ad adventum Filii Dei qui est secundum hominem"* (*Contra as heresias* 4,26,1), como um tesouro escondido no campo das Escrituras inspiradas. A doutrina hermenêutica consegue, dessa forma, graças à contribuição de Ireneu, ligar-se serenamente com o sentido escondido, chamado mais tarde de *allegoria*, que os exegetas gregos procuravam nas multíplices *theoriai*, hipóteses presentes nos seus livros considerados inspirados.

É preciso, contudo, acrescentar que a *hyponoia/allegoria* de Ireneu não é de forma nenhuma, nem poderia sê-lo, por causa de sua fé cristã, uma hipótese filosófica possível de ser mais ou menos condividida, mas sim um fato extremamente concreto, constituído pelo *adventus* na *história* do Filho de Deus feito *carne*.

Esse *adventus*, compreendido como *"expositio omnium rerum"*, é, para Ireneu, a completa manifestação da verdade que não devia mais ser procurada, como pretendiam os gnósticos, no *"superelato sensu"* (*Contra as heresias* 5,20,2) do texto, mas nos acontecimentos horizontais das várias economias da história, pelo mesmo texto narrado.

Em conclusão, acontece que a linha vertical dos exegetas de Homero e dos filósofos é de fato substituída com o acontecimento cristão, pelo indiscutível sulco horizontal da história, que se explicita concretamente seja no acontecimento Cristo, seja no evento Igreja, um e outro intimamente ligados à história *simpliciter* pelo mundo e pela humanidade, na articulação das suas diversas *dispositiones*, até à consumação dos séculos.

Neste ponto, a leitura dos textos se torna releitura, na qual, à simples pergunta, que brota no início do problemático impacto com a aporia do objeto-texto, acrescenta-se o questionamento imposto pela fé, que procura no texto dado os traços da profecia no mistério.

A *INTERPRETATIO* DE HIPÓLITO

Com a reflexão hermenêutica de Hipólito pôde-se observar que nos primeiros Padres amadurece a convicção de que o verdadeiro *sensus* de um texto liga-se somente com a abertura à *significatio mysterii*, a qual, por sua vez, coincide com a realização da *voluntas Spiritus*. A preocupação de atingir o conhecimento desta última é tão exigente e totalizante que muitas vezes se passa rapidamente do significado obtido na primeira leitura do objeto-texto à dedicação exclusiva da releitura atenta, realizada com base nas hipóteses extraídas do evento Cristo, em relação às verdades cridas na Igreja.

Na verdade, os questionamentos que permitem ao texto falar e resolver os enigmas, guardados tão ciosamente nas próprias páginas, brotam todos, praticamente, do patrimônio global da fé. Porém, eles projetam muitas vezes tal intensidade de luz sobre o objeto-texto que este último é obrigado a revelar aspectos remotíssimos e extremamente preciosos do próprio conteúdo, que não seriam possíveis de ser extraídos de outra forma.

Resulta disso a extrema variedade de "descobertas" feitas pela releitura particular de cada texto, mas também a convicção não somente do aspecto insondável de cada texto inspirado, bem como da conexão constante entre progresso no caminho da fé e progresso na compreensão de um texto dado. Essa dupla convicção, já presente em Hipólito, quando reivindica de modo exclusivo ao *subiectus Ecclesiae* uma compreensão adequada do Cântico dos Cânticos, tornar-se-á no futuro um dos maiores critérios hermenêuticos desfrutados na tradição dos Padres.

A atenção exclusiva de procurar, nos mínimos detalhes de determinado texto inspirado, a presença das verdades cridas pela Igreja, conduz não so-

mente à falta total de qualquer outro interesse sobre o puro e simples sentido externo ou literal, mas obriga também a subentender que o autor bíblico tenha utilizado a ficção literária da *typorum similitudo* justamente para transmitir uma mensagem que teria sido compreendida somente pelas pessoas *qui potentes sunt*, pois a leem com os olhos da Igreja.

Substancialmente Hipólito declara, de modo bastante claro, que ao menos a composição do Cântico dos Cânticos (mas parece que sua tese deve-se estender a toda a Escritura) tenha sido realizada com o método da criptografia. Consequentemente, o livro permanecerá sempre um *absurdum*, até que seja lido com o recurso que é propriedade exclusiva da Igreja.

Isto comporta uma ulterior convicção, já presente em Hipólito e que será, posteriormente, desenvolvida na tradição do Cântico dos Cânticos, de que qualquer livro inspirado dos profetas é um estojo em que é depositado um tesouro precioso, do qual se deve retirar, cada vez que necessidades prementes o exigem, cada uma das motivações teológicas da profissão ortodoxa da fé cristã.

Para Hipólito, o ponto de partida é, obviamente, a leitura do texto: "*nunc venite et videamus propositum hoc*" (*Interpretatio* 2,1). Não haveria necessidade de interpretação se a leitura fosse, por si só, suficiente para uma compreensão adequada do objeto-texto.

A pergunta retórica "*quid dicat*" e as interrogações sucessivas "*quaenam sit voluntas Spiritus, ad quid sit sensus hic, aut quaenam significatio mysterii*" (*Interpretatio* 2,1) demonstram que a exegese do texto surge justamente da insuficiência da primeira leitura.

Resulta disso a natureza misteriosa ou, pode-se dizer, enigmática do texto submetido a análise. Realizar a exegese de um texto significa, para Hipólito, empenhar-se em resolver um enigma, em revelar um mistério. O caminho necessário a percorrer a fim de atingir o objetivo definido é o das hipóteses produzidas por quem se dedica à *speculatio*. Por isso, o exegeta é, substancialmente, um *speculator*, isto é, um indivíduo que observa com extrema atenção o texto, deixando-se questionar, mas também se colocando, ele próprio, interrogações que questionam o texto.

Contudo, o *subiectus ecclesiae* se distingue dos outros interlocutores do texto, porque os questionamentos que faz ou que propõe a si mesmo na *speculatio* fundam-se na convicção de que o último sentido do texto só pode tornar-se claro após a leitura que a Igreja faz dele.

Portanto, as hipóteses do *speculator ecclesiasticus*, embora solicitadas pelo mistério do texto e, no caso, pela natureza enigmática do Cântico dos Cânticos, atingem, por isso, de fato, unicamente o conteúdo do Novo Testamento e da Igreja. Assim, cada uma das realidades que compõem o mistério global do Cristo e da Igreja pode se tornar uma hipótese de concordância ou não com cada *typus* singular já presente no texto, e que por isso é colocado sob o juízo de toda a Igreja.

Bibliografia

CANTALAMESSA, Raniero, *I più antichi testi pasquali della Chiesa. Le omelie di Melitone di Sardi e dell'anonimo quartodecimano e altri testi del secondo secolo. Introduzione, traduzione e commento.* Edizione Liturgica, Roma, 1972.

MELONI, P., "Ippolito e il Cantico dei Cantici", in *Ricerche su Ippolito*, Augustinianum, Roma, 1977, 97-120.

MELONI, P., *Il profumo dell'immortalità. L'interpretazione patristica di Cantico 1,3*, Edizioni Studium, Roma, 1975.

QUASTEN, J., *Patrologia. Fino al Concilio di Nicea.* Volume I, Marietti, Genova, 1992.

RICHARD, M., "Une paraphrase grecque résumée du Commentaire d'Hippolyte sur Cantique des Cantiques", *Le Muséon 77* (1964), 137-154.

SIMONETTI, M., *Lettera e/o alegoria. Un contributo alla storia dell'esegesi patristica*, Augustinianum, Roma, 1985.

Apêndice bibliográfico

Edições das obras dos Padres citadas.

DIDAQUE. *O catecismo dos primeiros cristãos para as comunidades de hoje*. São Paulo, Paulus 1989. Tradução de Ivo Storniolo e Euclides Martins Balancin.

EUSEBIO DI CESAREIA, *Storia Ecclesiastica*, a cura di M.Ceva, Rusconi, Milano, 1979.

EUSÉBIO DE CESAREIA. *História eclesiástica*. São Paulo: Paulus, 2000. (Patrística 15).

GIUSTINO. *Dialogo con Trifone*, a cura di G. Visonà, Paoline, Roma 1988.

_____. *Le due Apologie*, a cura di G. Gandolfo e A. Regaldo Raccone, Paoline, Roma 1983.

JUSTINO DE ROMA. *I e II Apologias. Diálogo com Trifão*. São Paulo: Paulus,1997. (Patrística, 3.)

IRENEO DI LIONE, *Contro le eresie e gli altri scritti*, a cura di E. Bellini, Jaca Book, Milano 2003.

_____. *Contra le heresie, Smascheramento e confutazione della falsa gnose*, a cura di A. Cosentino, 2 vol., Città Nuova, Roma 2009.

IRENEU DE LYON. *Contra as heresias*. I, II, III, IV, V. São Paulo: Paulus, 1995. (Patrística, 4).

MELITONE DI SARDI, *Clavis Scripturae*, a cura di P.G. di Domenico, Libreria Editrice Vaticana, Città del Vaticano 2001.

QUACQUARELLI, A. (ed.), *I Padri Apostolici. Introduzione, Traduzione e Note*, Città Nuova, Roma 1986.

PADRES APOSTÓLICOS. São Paulo: Paulus, 1997. (Patrística, 1).

Índice de textos bíblicos

ANTIGO TESTAMENTO

Gênesis
1,26	33
2,7	111
14,14	39
32,15	51

Êxodo
6,7	120
14,19-31	121
19,5	120
20,11	71
33,3	33
34,29-35	85

Levítico
11,3	40
16,5.7.9	35
16,8	36
16,8.10	35
23,29	35

Números
19,1-10	36

Deuteronômio
10,16	38
14,6	40

1Reis
5,12	104

Salmos
145,6	71

Cântico dos Cânticos
1,2	110, 124
1,2a	105
1,2b	105, 111
1,2cd	105
1,3	97, 112, 113, 127
1,8	117, 118
1,9	106, 117, 121, 122, 123
1,14	106, 123, 127, 129, 131
2,8	100
2,9	98
2,9-10	98
2,10	99
4,11	110
5,1	110

Eclesiástico
40,20	105, 112

Isaías
52,5	58
57,1-4	58

Jeremias
7,23	120
9,3-4	38
9,25-26	39
11,4	120
23,20	83
31,1	120

Ezequiel
11,19	33
11,20	120
36,28	120
37,23.27	120
47,1-12	40

Daniel
12,3	84
12,4.7	83

Habacuc

3,8	121, 122
3,15	106, 120, 121, 122

NOVO TESTAMENTO
Mateus

3,9	119
5,25-26	76
13,44	83
13,52	84, 88, 93
27,34.48	35

Lucas

3,8	119
12,58-59	76
24	16
24,26.46	84
24,32	55
24,47	84

João

1,1-11	23
1,14	147
1,14-18	86
1,18	86
4,24	21
5,39-40	92
5,46	92

Atos

1,16.20	16
2,16	16
2,29-31.34-35	16
4,24	71
9,1-22	56
9,20-22	56
14,15	71
22,3-21	56
26,9-20	56

Romanos

9–11	68

1Coríntios

1,23-24	102
2,15	14, 82
3,2	110
5,7	129

2Coríntios

3,6	18
3,7	88

Efésios

1–3	123
1,10	72
3,5-6	123
4,5–6,16	78

Colossenses

2,19	78

1Timóteo

1,4	70
3,14-16	22
4,1-5	21
6,3-5.20-21	22

2Timóteo

3,1-7	22
3,6-7	24
3,14-17	22
3,16-17	24

Tito

1,10	26
1,15	24
1,15-16	22
2,11	23
2,11-14	22

Hebreus

5,12-14	110
10,1	86

Tiago

5,6	59

1Pedro

2,2	110

1João

4,1-6	23
4,2	23
4,6	23

2João

7-11	23
11	26

Índice de textos dos Padres

Agostinho de Hipona
Questões sobre o Eclesiástico
2,73	142

Barnabé
Epístola de Barnabé
2,1	32
4,9	32
6,13-15	33
7,3	35
7,4-5	35
7,6-8	35
7,8-9	36
8,1	37
8,1-11	36
8,2-3	38
8,2-7	38
9,3-4	40
9,4	39
9,5-6	39
9,7-8	39
9,9	40
10,11-12	40
11,11	41
14,4-5	33
14,4-6	34
14,6-10	34
17,1-2	41

Clemente Romano
Primeira Carta aos Coríntios
10,1-8	28

Didaque
9,3-4	27
11,1-2	28
12,1-2.4-5	28

Eusébio de Cesareia
História da Igreja
4,26,1-13	61
4,26,12-14	17
5,20,4	68
5,24,2	61
6,22	95

Hipólito
Interpretatio Cantici Canticorum
1,2	102
1,3	102, 103
1,5	98, 102
1,6	98, 102
1,7	98
1,8	98, 103, 116
1,9	103
1,10	103
1,13	103, 116
1,16	103
2,1	149
2,1-3	110
2,3	112
2,4.31	97
2,5	97, 98, 127
2,8	115
2,9	116
2,33	99
7,1-2	117
7,2	117
8,1	123
8,2	99, 117, 120

8,3	121	*De Abércio, bispo do século II*	
8,4	118	48-49	25
8,5	118	*De um cemitério romano*	
8,7	118	22-25	25
8,8	118, 123	**Ireneu**	
13,1	128, 129, 130, 132	*Contra as heresias*	
13,1-4	125, 130	1, Proêmio 1	70
13,2	127, 128, 130, 131, 132	1, Proêmio 2	71, 74, 75, 91
13,3	131, 132, 133	1,8,1	76
13,4	99, 100, 134	1,9,4	79
13,32	132	1,20,1	71
18,2	99	1,25,4	77
19,2-3	99	1,25,5	77
20,4	99	3,1,1	80
23,1	98	3,3,1-3	80
23,2	98	3,3,2	82
		3,4,1	81

Inácio de Antioquia

Carta aos Efésios

7,1-2	29	3,4,2	81
15,1-2	29	3,5,1	71
19,1-2	29	3,11,18	70

Carta aos Esmirnenses

		4,10,1	92
		4,20,12	73
1,1	30	4,22,2	73

Carta aos Filadelfos

		4,26,1	84, 85, 87, 88, 147
7,2	30	4,26,2	71, 81

Carta aos Tralianos

		4,26,5	72, 82
		4,32,1	78
9,1	29	4,32,2	86
10	30	4,33,1	88
11,1	30	4,33,2	89

Inscriptiones Christianae Veteres

		4,33,3	89
40-41	25	4,33,4	89
		4,33,5	89

Catacumba de Domitila

		4,33,6	89
20-21	24	4,33,7	89, 90

Catacumba de Priscila

		4,33,15	91
20-23	24	4,34,2	73

Da Gália Lionense

		4,34,4	73
		5,20,2	72, 147
34-35	25	5,27,2	75

Jerônimo
De viris illustribus

45	61
61	95

Justino
Apologia

1,31,6-7	48, 59
1,55,1-2	46
1,60,10	45
1,60,11	49
1,67,3-4	49
2,9,4	47
2,10,1-3	49
2,10,5-7	47
2,10,8	48
2,13,2-5	45

Atos do martírio de São Justino etc.

2,5-7	43

Diálogo com Trifão

Preâmbulo 3	53
3,1	53
7,1-8,2	54
7,3	56
9,3	53
11,2-4	51
11,4-5	52, 57
11,5	57
16,2	53
16,3-5	58
17,1	58
17,1-2	58
17,3	53
40,1	50
40,3	50
41,1	50
42,4	50
110,6	53

Melitão de Sardes
Clavis Scripturae

4	18
5,1	18
6,1,62-63	18
11,71,73-76	18

Eclogae

Proêmio	16

Homilia sobre a Santa Páscoa

2	62
3	63
7	63
11	63
29	63
30	63
32	64
33	64
34	64
35	64
36	65
37	65
38	65
39	65
40	65
41	65
42	65
43	66
69	66
70	66, 67
93	67
94	67
97	67

Sobre a fé — 17

Policarpo de Esmirna
Segunda Carta aos Filipenses

7,1	31

Testimonia

15, 16, 17, 31, 50, 141

Índice de nomes

B
Bardy, G. — 114

C
Cantalamessa, R. — 16, 17, 61, 62, 129
Cosentino, A. — 68, 69, 70, 72, 78, 153
Cultrera, P. — 122

D
Di Domenico, P. G. — 18, 153

G
Garitte, G. — 96, 121, 122, 128, 131, 133, 134
Gribomont, J. — 15
Gueraud, O. — 129

H
Harris, J. R. — 15
Horbury, W. — 59

M
Margerie, B. de — 78
Marin, M. — 52
Munier, C. — 43, 44, 46, 47, 49

N
Nautin, P. — 61, 129

P
Perler, O. — 61

Q
Quacquarelli, A. — 27, 28, 30, 31, 32
Quasten, J. — 19, 27, 68, 69, 143, 144

R
Richard, M. — 101, 120, 124, 129, 130
Rousseau, A. — 70

S
Shotwell, W. A. — 51
Simonetti, M. — 15, 18, 95, 96
Sovie, A. — 101

V
Valenziano, C. — 122, 127
Visonà, G. — 59

Z
Zovatto, P. L. — 24

Impresso na gráfica da
Pia Sociedade Filhas de São Paulo
Via Raposo Tavares, km 19,145
05577-300 - São Paulo, SP - Brasil - 2019